BLACK SWAN 黑天鹅图书

为 人 生 提 供 领 跑 世 界 的 力 量

BLACK SWAN

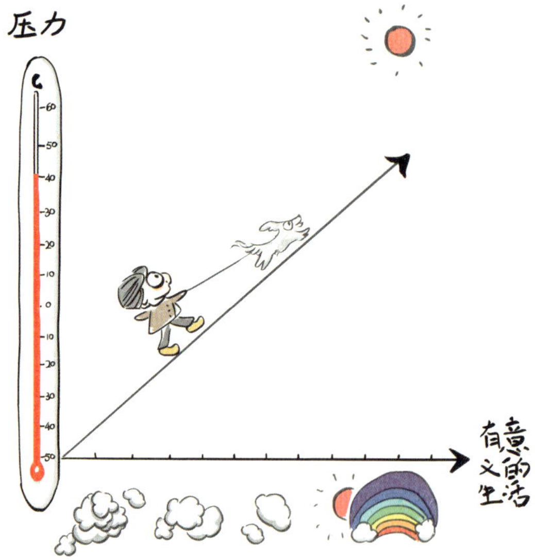


有意义，意味着有压力

善用压力，过上有意义的生活

# 自控力

和压力做朋友
斯坦福大学最实用的心理学课程

Kelly McGonigal
〔美〕凯利·麦格尼格尔◎著
王鹏程◎译

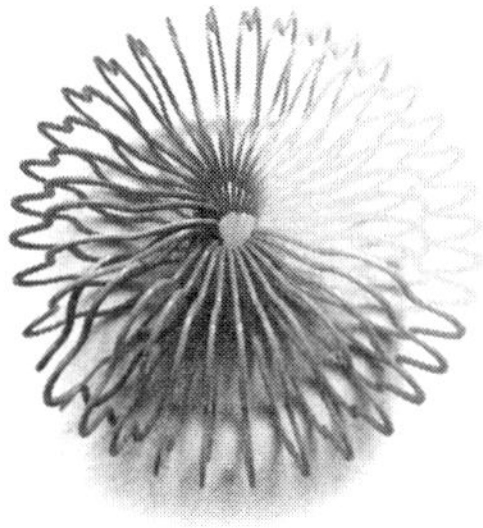

THE UPSIDE OF STRESS

北京联合出版公司
Beijing United Publishing Co.,Ltd.

THE UPSIDE OF STRESS

# 推荐语

本书传达了一个重要理念：与其逃避不适，不如追求意义。经由本书智慧的指引，你将找到追求重要目标的勇气，并相信自己可以应对随之而来的压力。

——尼洛弗尔·麦钱特

卢比孔咨询公司创始人兼CEO，硅谷战略专家，《协作战略》一书作者

凯利·麦格尼格尔揭示了特殊群体和组织在逆境中成长的秘密，比如海豹突击队。身处绝境，只有以积极思维应对挑战，才能创造真正的卓越。

——斯科特·布劳尔

卓越绩效集团联合创始人，前海豹突击队成员，美国海军军官

凯利·麦格尼格尔的《自控力：和压力做朋友》，不仅表明我们对于压力的看法已经过时，同时指出如果能正确对待，压力还对人生有助益。本书使读者得以接触心理学和神经科学最前沿的研究，善加利用，将提升你的健康与幸福。

——马修·利伯曼

哲学博士，加利福尼亚大学社会心理学院院长

如果能把压力看作生活的秘密武器，个人会提升自信，团队会打造迅速成长的组织。

——罗伯特·多尔蒂

知识投资公司总裁

凯利·麦格尼格尔揭开了数十年来关于压力的假面具，本书由科学研究做支持，工具实用，读来引人入胜，从第一页开始就充满智慧。这本书将改变无数人的生活。

——詹姆斯·勒尔

教育博士，人力绩效研究院联合创始人，《新强度训练》一书作者

THE UPSIDE
OF
STRESS

知乎大V、心理咨询师　动机在杭州　推荐序

# 压力的背后，正是生活的意义

我有一个朋友，出生在一个小县城。在小县城的价值观里，最好的前途当然是吃“皇粮”或当官。所以她顺从父母的意愿，考上了一所名牌大学，学政治学，又从千军万马中杀出重围，考上了某中央国家机关，当上了首都的公务员。

旁人眼中，这样的生活顺风顺水，没什么压力，她自己却觉得，每天写“切实加强”“大力推进”这类标准材料的生活，处处透着别扭。虽然她已经百般压抑，内心却总有个声音在提醒她，这不是她想要的生活，真正的生活在别处。声音有时很小，却怎么也没法忽略。于是几年后，她忍无可忍，顶着父母的压力，顺应内心，跳出别人眼

中光明的生活，成为一位自由作家。

自由作家的压力是非常大的。收入不稳定，前途不明，需要跟各种编辑打交道，找活，还需要经常面对别人“你是不是找不到工作”的目光。我问她还好吗，她说很辛苦，而且经常焦虑。我问她：“那你后悔吗？”

她说：“不，再辛苦，也比以前快乐。”

《新周刊》策划过一期专题，叫作“逃离北上广”，引起了很多人的共鸣。大家都觉得在一线大城市，房价虚高，工作压力巨大，生活没一点幸福感，不如逃到二、三线城市去安放青春，过一种闲散的生活。可是没过多久，“逃离北上广”的口号变成了“逃回北上广”，因为大家发现，相比于小城市的沉闷和无聊，他们更愿意去忍受大城市的压力。你能从北京、上海地铁中拥挤的人流里看到压力，也能看到希望。

这几年，我遇到过很多人，从舒适安逸的生活中脱离出来，去勇敢地面对未知。从他们身上，我看到了，人面对压力，并非简单地趋利避害。他们身上有另一种东西，被人本主义心理学家归纳为人类“实现潜能和自我价值的冲动”。这种冲动，近乎本能，驱使着他们不断向前。而人的潜能，总是在挑战中，逐渐被发掘。

这个过程，无可避免地，伴随着压力。但他们并没有想从压力中逃开。

该怎么看待压力呢？我们以前的观点，压力是可怕的，是各种心理问题的罪魁祸首。压力会导致焦虑、抑郁、强迫、拖延、酗酒、离婚……因为所有的痛苦，都伴随着压力。而本书作者却要为压力平反，说真正有害的不是压力，而是“压力有害”的观点。作者的视角脱离开了压力的框架，谈思维模式，谈压力下的成长，谈投入、联结和人生意义。当她从生活本身来探讨压力时，总是能发现一些不一样的东西。

这让我想起一个故事，关于一条河的故事：

居住在下游的村民还记得，很多年前，救起第一个落水者的地点。一些老人仍记得那时救助落水者的装备是多么陈旧，过程是多么复杂。他们说，有时河里打捞个人就要花费数小时。

近年来，尽管溺水者的数量急剧增加，但是下游好心的村民对此的反应却让人钦佩。他们的营救体系无与伦比：在湍急的河流中，从发现溺水者到将其营救上来只需要20分钟——许多甚至不到10分钟。只有很少的人在援助到来之前溺水而死——与过去相比，方法已有了很大的改进。

与下游村民交谈时，他们骄傲地讲起建在河边的新医院，随时待命的营救小船队，统一调配人力的全面健康计划，以及大量冒着生命危险随时准备跳进湍急河水中抢救溺水者的高素质水员。下游村民说，虽然代价很高，但有什么比抢救危险中的生命更重要的呢？

只是，很少有人问这样的问题：“为什么上游老有人落水？”

这是一本探讨压力上游的书。如果说河的下游是压力导致的情绪问题和行为问题，压力的上游，正是更高贵也更积极的人性。

“我心有猛虎，在细嗅蔷薇。”在《少年派的奇幻漂流》中，少年派从把老虎视为威胁，到与老虎发展出了一种共生关系，最终相互依靠，共达彼岸。本书所描述的压力相处之道，正同于此。因为说到底，压力就是我们生活的一部分。我们没有必要，也没有办法逃离。而我们愿意承担压力，是因为我们在不断接受挑战中获得成长，在努力中实现自己的潜能和价值；我们愿意承担压力，是因为总有那些我们爱和爱我们的人，让我们为之奋斗；我们愿意承担压力，是因为压力的背后，正是生活的意义。

与其恐惧，不如拥抱。

——库珀·埃登斯

THE UPSIDE
OF
STRESS

# 目录

# 第二部分　转化压力

THE UPSIDE OF STRESS

引言

# 改变对压力的看法

如果用一句话总结对压力的看法，你更认同下列哪个描述？

A. 压力有害，应该规避、减轻、管理。

B. 压力有益，应该接纳、利用、拥抱。

放在5年前，我会毫不犹豫地选A。作为一名健康心理学家，在所有心理学和药物学培训中，我得到一条清晰明确的信息：压力有害。

多年以来，无论是教学、讲座、做研究、写书或写文章，我都接受并传播同样的信息。我告诉人们压力会导致疾病，提高从患普通感冒到得心脏病、抑郁症、上瘾症的风险。同时压力会杀死脑细胞，破坏你的DNA，加速衰老。在媒体上，从《华盛顿邮报》到婚庆杂志《玛莎·斯图尔特婚礼》，我到处提那些你可能听过上千遍的减压建议——深呼吸，保证睡眠，管理时间。总之，尽你所能，减少生活方面的压力。

我视压力为敌人，而我并不孤单，只是众多与压力做斗争的心理学家、医生、科学家中的一员。和他们一样，我坚信压力会传染，必须被终止。

但我已经改变了自己的想法，现在，也想改变你们的。

让我们从那个令人震惊的科学发现开始说起，正是它使我重新思考压力。1998年，3万名美国成年人被邀请回答，过去一年他们承受的压力状况。同时他们被问：你认为压力有碍健康吗？

8年后，研究人员彻查了公开的记录，以找出3万参与者中哪些人去世了。让我先传递坏消息——高压提高了43%的死亡风险。但是，引起我注意的是，提高的死亡风险，只适用于那些相信压力对健康有害的人。那些报告承受了高压力，但不认为压力有害的受访者，并不容易死亡。实际上，他们是调查中死亡风险最低的，甚至低于那些报告自己只承受着很少压力的人。

研究人员得出结论，杀人的并不是压力，而是压力加上认为压力有害的信念作的孽。研究者估计在他们做完调查后的这8年内，有182000名美国人可能已经过早死亡，因为他们认为压力有损健康。

这个数字阻止了我的惯性思维，我们讨论的是每年超过2万的死亡人数啊！根据疾病预防与控制中心的数据，“相信压力有害”可能成为全美第十五大导致死亡的原因，比皮肤癌、艾滋病和自杀夺取的生命还要多。

你可以想象得到，这个发现令我焦虑不安。我花了全部的时间和精力说服人们相信压力对健康有害，我视这个观点为天经地义理所当然。我的工作是帮助人，可如果背道而驰了会怎么样呢？即使我传授的减压技巧真的有效，像锻炼身体、冥想、社交，那同时传递的压力有害信念，会不会削弱了这些技巧的效果？会不会以压力管理之名，带来了更多伤害，而不是帮助？

我承认，曾经试图假装没有看过这项研究。毕竟这只是一个研究，一个相关性研究而已！研究人员用宽泛的多种因素试图解释发现的结果，包括性别、种族、年龄、教育状况、收入、工作阶层、婚姻状况、抽烟与否、运动、长期健康状况和健康保障。这些都无法解释为什么压力信念结合压力水平能够预测死亡率。然而，实验中，研究人员没有操控人们对压力的信念，所以他们不确定就是信念在杀人。有没有可能认为压力有害的人，生活中承受着不同的压力——确实有害的压力？又或者他们的个性使然，面对压力更容易受影响？

然而，这项研究在我脑海里一直挥之不去。自我怀疑的同时，我也嗅到了机遇。我总是告诫斯坦福大学心理系的学生，那些令人振奋的科学发现，正是挑战自我认知和对世界认知的机会。如今事情降临在自己头上，我准备好挑战自我信念了吗？

偶然遇到的这个发现——只有当你认为压力有害的时候，压力才有害——给了我重新思考教学内容的机会。更进一步的是，它发出邀请，让我重新思考人与压力的关系。我会抓住这个机会吗？还是将这项研究束之高阁，继续视压力为敌，斗争下去？

作为一名健康心理学家，培训课堂上的两件事情使得我对下列想法保持了开放态度：**第一，如何看待压力至关重要；第二，告诉人们“压力会杀死你”可能带来意外的后果。**

首先，我已经意识到，某些信念会影响寿命。例如，对于变老持积极态度的人，比那些对变老持消极想象的人活得长。耶鲁大学研究人员曾经做过一项经典研究，对一群中年人跟踪了20年。那些中年时对变老持积极态度的人，比那些持消极观点的研究对象，平均多活了7.6年。把这个数字更具体化解释一下，那就是：许多我们认为会明显对健康起重要作用的因素，诸如规律锻炼、不吸烟、保持健康的血压和心血管水平，平均来说，会延长人差不多4年的寿命。

另一个会影响寿命的信念方面的例子和信任有关，那些认为他人可信的人活得更久。在杜克大学做的一项为期15年的研究中，一群超过55岁的受访者中，60%认为他人可信的人，在项目结束时还活着。与此呈鲜明对比，60%对人性持怀疑态度的受访者已经去世了。

诸如此类的发现使我坚信，当涉及健康和寿命时，有些信念至关重要。而我不知道的是，如何看待压力，是不是其中一项。

第二个促使我愿意承认可能在压力方面犯了错的原因是，我所知道的健康运动的历史。如果告诉人们压力会杀死他们是个坏的策略，那也不会是公共健康领域里第一次策略和结果背道而驰。有些最常用的鼓励健康行为的方法，后来都被证明与专业人员的期望恰恰相反。

举例来说，与医生交流时，我有时会请他们预测烟盒上印制警示图片的效果。通常来说，医生认为图片会降低吸烟者对香烟的渴望，并促使其戒烟。但研究表明，警示的结果往往适得其反。特别骇人的图片（比如肺癌患者在病床上奄奄一息）实际上会增加吸烟者对香烟的渴望。原因？图片引发了恐惧，还有比抽烟更好的平复情绪的方法吗？医生推断恐惧会激发行为改变，但恰恰相反，它只激发了逃避糟糕情绪的渴望。

另一项与结果背道而驰的策略，是让人们对非健康行为感到羞耻。在加利福尼亚大学，桑坦·芭芭拉做的一项研究中，她让超重的女性阅读纽约《时代周刊》上有关雇主歧视超重员工的文章。结果，她们不但没有发誓减肥，相比阅读其他职场主题的超重女性，这些读者吃下了超过2倍卡路里含量的垃圾食品。

害怕、耻辱、自责、羞愧，所有这些都被健康专业人士视为提升人们幸福感的驱动因素。然而，当被放进科学实验时，这些信息会推动人们采取健康专家本希望改变的行为。我看到悲惨场面不断上演：好心的医生和心理学家传递他们认为有益的信息，接受者被狂轰滥炸，情绪低落，最终被逼采取相应的医生和心理学家不愿意看到的自毁行为。

发现了压力信念和死亡率有关的研究项目之后，我开始注意人们听到压力有碍健康时的反应。和那些试图令人恐惧或羞愧的医疗警示一样，我的信息也会让听众承受不了。当我告诉筋疲力尽的大学生，期末考试前压力太大会影响成绩，这些孩子离开演讲大厅时，更加沮丧。我和医护人员分享有关压力的吓人数据，他们有时会眼含泪水。

我意识到虽然谈论压力是必要的，但我谈论的方式可能并无助于问题的解决。我教授的压力管理，完全基于压力有害这个假设，并认为人们应该知道这个。一旦人们了解压力的害处，就会愿意减压，这会让他们更健康、更幸福。但现在，我不确定了。

对待压力的态度会影响压力产生的结果？好奇心促使我开始搜寻更多的证据。我想知道：你如何看待压力真的那么重要吗？如果相信压力有害这个观点对你是有害的，那该怎么做呢？有没有什么好处，值得我们对压力持欢迎态度？

当埋头钻研过去30年的科学研究和调查时，我对数据持开放态度。我找到了能够支持我们担忧的负面结果的证据，同时也发现了以前很少意识到的益处。我调查了压力研究的历史，了解了为何心理学和医学研究相信压力有害。我也与从事压力研究的新一代科学工作者交流，他们的工作是通过阐述好处，重新定义对压力的理解。研究与调查中学到的内容，以及这些交流，真正改变了我对压力的看法。最新科学研究表明，压力会使你更聪明、更坚强、更成功。它帮助你学习和成长，甚至会激发你的勇气和慈悲心。

最新研究同样表明，**改变对压力的看法，会使你更健康和幸福**。你如何看待压力会影响一切，从心血管健康到发现生命意义的能力。压力管理的最佳方式，不是减轻或避免，而是重新思考压力，甚至是拥抱它。

所以，作为一名健康心理学家，我的目标改变了。不再想帮你消除压力，我想让你善用压力。这是“压力新科学”课的承诺，也是这本书的目的。

THE UPSIDE
OF
STRESS

关于本书

# 改变你与压力的关系

这本书的基础是我在斯坦福继续教育学院讲授的一门课——压力新科学。所有年龄段，各行各业的人都可以报名，该课的目的是转化人们的思考方式，与压力共舞。

要拥抱压力，了解一些科学知识是有帮助的，原因有二。第一，这令人着迷。涉及人性的主题，每项研究都是你更好地了解自己和所关心之人的机会。第二，压力科学确实令人惊讶。某些观点，包括本书的核心假设——压力有益，很难一下子为人接受，没有证据的话，轻易就会被驳斥。这些观点背后的科学支撑，有助于你的接纳，并知道如何将其应用到你的生活中。

书中的建议不是基于那个令人吃惊的研究，尽管确实是它促使我重新思考压力。你将学习到的策略来自成百上千项的调查、与我交谈过的数十位科学工作者的智慧。跳过科学直奔建议没用，了解了每个策略背后的原因才能帮其实施。所以本书是“压力新科学”课程的速成班，你也有机会接触一些研究人员，他们是冉冉升起的新星。你会了解他们最吸引人的研究，以我希望每个读者都会喜欢的方式。如果你胃口大，想知道科学细节和更丰富的信息，书后的注释会引领你进一步挖掘。

但最重要的，这是一本帮你与压力共存的实用指南。拥抱压力会使你面对挑战时更主动，运用压力的能量，而不是被其耗得油尽灯枯。它帮你将压力重重的窘境转变为在社会中交往的机会，而不是离群索居。最终，它会提供新的方式，引领你在痛苦中找到意义。

纵观全书，你会遇到两类实用的练习：

第一部分是重新思考练习，目的是帮你转换思维定式。你可以用它们自由书写，或者自我反省。你可以在健身房跑步机上或上班公交车途中思考这个主题，可以自我反思，也能开启一段对话。晚餐时和配偶讨论，或者在教堂家庭聚会时和父母提及，还可以贴到Facebook上，问问朋友的想法。这些练习不但能从总体上帮你重新思考压力，而且鼓励你反思压力在生活中扮演的角色，包括与你最重要的目标及价值观之间的关系。

第二部分的压力转化练习，包括身处压力时应用的现场策略，以及帮你应对生活中具体挑战的自我反思。当你感觉焦虑、沮丧、生气或不堪重负时，它们会给你注入能量、勇气和希望。压力转化练习的关键在于，改变对正在承受的压力的看法，也就是我所谓的“思维重置”。思维重置能调节你身体的反应，改变态度，激发行动。换句话说，当你感到紧张的瞬间，它能转变压力对你的影响。这些练习都基于科学研究，我鼓励你在自己身上做实验，试一试，看看哪些对你有效。

书中所有练习都经过修改，修改基于学生的反馈和我与全世界不同群体的分享经历，分享对象包括教育工作者、医疗专家、商界人士、职业教练、家庭治疗师以及父母。书中涵盖了在个人领域和职场都有意义的练习，人们说这些练习改变了他们的生活和与其互动的群体。

总之，这些练习将改变你与压力的关系。提到和压力处关系，可能会让人感觉怪怪的，尤其我们已经习惯认为压力是发生在我们身上的。但是你的的确确和压力有某种关系。你或者感觉是压力的受害者——被其挟持，无助地对抗。又或者你爱恨交织——依靠其达成目标，但担心它的长期影响。你可能感觉在持续地做斗争，试图减轻、逃避或管理，但从未曾掌控它。你可能感觉过去的受压经历极大改变了现在的自己，你可能视压力为敌人、不欢迎的来访者，或不知能否信任的搭档。无论现在你和压力是什么关系、如何看待和如何反应，都在它影响你的过程中起着重要作用。通过重新思考，甚至是拥抱压力，你可以改变它在各方面的影响，从身体健康，到工作满意度和对未来的期望。

全书中，我们同样考虑了这个问题，压力科学与思维重置怎样帮你支持其他人、社区和组织。如何培养所爱之人的抗压力？具备拥抱压力文化的工作场所是什么样子？如何建立社会支持系统来抵御创伤或痛苦？我将介绍一些自己推崇的项目，它们正在运用科学知识，创造能够将痛苦转化为成长、意义和联结的社区。这些项目是榜样和标杆，向人们展示了如何将科学转化成服务，将抽象的概念转化为有影响的行动。

THE UPSIDE OF STRESS

## 这本书会帮我处理压力吗

截至目前，我一直避免给压力下定义，部分原因是这个词包罗万象，可以指任何我们不想要的体验，以及世间任何出错的事情。人们既用“压力”一词描述交通阻塞，也用来谈家庭成员去世。感觉焦虑、繁忙、沮丧、害怕时，我们都说有压力。任何一天，邮件、政治、天气，或者越来越长的待办事务清单，都让你感觉受压迫。现在，你生活的最大压力源，可能是工作、为人父母、应对健康危机、偿还债务，或者是闹离婚。有时候，我们用“压力”一词描述内在状态——我们的想法、情绪和身体反应。而有时候，我们用它描述面对的问题。压力通常用来指平常的烦心事，但也可能是更严重的心理挑战，诸如成为抑郁和焦虑的代名词。没有一个简单的压力定义能包含所有这些事，可我们的确用这个词指代所有事情。

“压力”一词可以指代诸多事情的现实，既是福分，也是诅咒。消极方面是，这使得压力科学的探讨难以捉摸。即使通常会狭义化定义的科学家们，在用“压力”一词描述脑海里纠结的体验的同时，也描述结果。一项研究可能定义它为被照料得太过周到而局促不安，另一项研究把它看成职场的不堪重负。一项研究用压力描述日常的困扰，而另一项研究用它探讨创伤的长期影响。更糟糕的是，当压力科学经由媒体传播时，标题经常使用人们熟知的“压力”一词，但不说明研究实际测量了什么细节，这会让你怀疑那些发现是否适用于自己的生活。

同时，该词的包罗万象也有好处。因为我们用压力描述如此多的方面，那如何看待压力就对你自身体验有深远影响了。改变对其的看法，对转化日常烦恼和应对严峻挑战有相似的功效。所以，我不准备尝试给压力下一个狭窄的、可操作的定义，宁愿保持它意义上的宽泛。是的，如果这样说，“本书是关于如何在职场压力下成长的”或“本书会帮你改善焦虑的身体症状”，会更加容易。但是，选择看压力的积极面带来的转化力量，会影响生活的方方面面。

所以，一同开始旅程之前，我提供这样一个概念：压力就是你在乎的东西发生危险时引起的反应。这个定义足够大，可以涵盖交通阻塞引起的沮丧和失去事物的痛楚。它包括感到压力时的想法、情绪、生理反应，以及你选择怎样应对压力情境。这个定义也强调了有关压力的一个重要真相：压力和意义无法分割。对不在乎的事情，你不会感到压力；不经受压力，你也无法开创有意义的生活。

我写这本书的目标，是要提供科学证据、故事和策略，全面探讨我们定义的压力。即使我知道不是每个例子都能引起你的共鸣，也不可能谈及人们压力体验的每个方面。我们将探讨学习、工作、家庭、健康、财务和社交等方面的压力，以及焦虑、抑郁、损失、心理创伤带给我们的挑战。尽管用“痛苦”一词描述心理创伤更为准确，但任何时候邀请人们思考生活压力时，人们总会不由自主提及它。书中也会听到我学生的声音，他们会告诉你他们是如何应用书中观点的。考虑到有人希望匿名，我更改了名字和一些能辨识出的信息。有真人分享真事，你定会对压力有不同体验。感谢他们让我学习到拥抱压力到底意味着什么，我所处情境与学生的，极其不同。

我相信，你会更注意与自己生活相符的科学证据和故事，这个道理也适用于书中的练习和策略。因为没有科学研究会适用于所有压力，没有一个方法能搞定所有状况。能让你克服公众演讲障碍，或者更好地处理家庭内部冲突的策略，不一定能处理财务问题或让你摆脱伤痛。建议你选择最适合应对自身挑战的方式。

当我讨论压力的好处时，总会有人问：“但是，对那些确实糟糕的压力怎么办？你说的东西还管用吗？”人们很容易理解，工作上的一些压力，重大事件前的小紧张，对我们有益，这些压力，值得欢迎。但那些重压呢？拥抱压力的概念，适用于健康问题、损失、创伤和长期压力吗？

我无法保证书中的每个想法对各种形式的压力或痛苦都有帮助。然而，我不担心拥抱压力的好处只适用于小事情。令我惊讶的是，拥抱压力恰恰在最困难的情况下对人帮助最大——面对失去亲人的痛苦，应付慢性病，甚至克服严重的飞行恐惧症。还有来自学生的分享，那些故事通常不是更好地在截止日期前搞定工作，或者如何搞定易怒的邻居。他们谈的是失去配偶、持续与焦虑做斗争、直面受虐的童年与过去讲和、失业和挺过癌症治疗。

在这些情境下，为什么把压力当作好处会有帮助呢？我相信，这是因为拥抱压力改变了你对自我的看法，以及知道你能做什么。它不是纯粹的智力游戏，聚焦在压力的好处能转化你生理及情绪上的反应，从而改变你应对生活挑战的方式。写这本书，我脑海里有个清楚的目标：帮你发现自己的优势、勇气与慈悲。这本书不是要说压力是好的还是坏的，而是要说，选择看压力好的一面，将帮你更好地应对生活的挑战。

THE UPSIDE OF STRESS

WHY STRESS IS GOOD FOR YOU,
AND HOW TO GET GOOD AT IT

第一部分

# 重新思考压力

# 第一章

# 改变我们的思维模式：什么是压力？压力真的都是负担吗？

站在哥伦比亚大学行为研究实验室里，我伸直右臂，掌心向上，与肩同高。而心理学家艾丽娅·克拉姆试图把我的胳膊拉下来，我们僵持了几秒钟。虽然她看上去身材娇小，却惊人地有力。（后来我才知道，克拉姆大学时曾参加过甲级冰球联赛，现在是国际铁人三项赛排得上名的选手。）

我输了，胳膊被拉下来。

“现在，别抗拒我。想象你的胳膊，正在指向你在乎的某人或某样东西。”克拉姆说。当拉我胳膊时，她要求我按她的说法想象，这样就能把她的力量，疏导到我正在指向的人或东西上。这个练习是受她父亲启发而创造的，她父亲是合气道老师，这种功夫创立的原则就是转化有害能量。按克拉姆的指导展开视觉想象，我们又试了一次。这回，我更有力了，她根本没有办法拉下我的胳膊。她越拉，我越有力量。

“你这次用的力量，真的和刚才那次一样大吗？”我问。

克拉姆展颜一笑。她刚刚在与我的游戏中展示的思路，激发了她全部的研究工作：如何看待某样东西，会转化它对你的影响。

我在位于哥伦比亚商学院地下的研究中心见克拉姆，是要讨论她关于压力的研究。作为一名年轻科学工作者，克拉姆十分高产，备受瞩目。她的工作之所以引起注意，是因为证明了生理变化比我们想的要更主观。通过改变对体验的想法，克拉姆能改变人们身体里的反应。她的发现如此惊人，以至于很多人会挠着脑袋说：“啊？可能吗？”

这种反应——可能吗——对于研究思维模式的工作者并不陌生。思维模式是塑造现实的信念，可以影响客观的生理反应（就像克拉姆拉我时我手臂的力量），甚至长期的健康、幸福和成功。更重要的是，思维模式领域的最新研究表明，一个简单的信念干预，即改变对某事的看法，在未来的很多年，都能提升你的健康、幸福和成功。该领域这些引人注目的发现，会让你重新审视自己的信念。从安慰剂效应，到自我实现预言，观念都产生着至关重要的作用。在读完这部分关于思维模式的介绍之后，你会明白为何关于压力的信念很重要，以及如何改变对压力的看法。

## 我们对压力有什么心理预期

“想想就能减肥”和“相信健康即会健康”就是克拉姆早期研究中，博取了公众眼球的两句口号。她在全美7家酒店招聘服务员，做一项信念如何影响健康和体重的研究。打扫酒店是份辛苦的工作，每小时会消耗超过300卡路里的热量。与锻炼相比，这相当于举重、水上有氧运动、每小时走3.5英里的消耗量。然而，克拉姆招聘的服务员中，有三分之二的人认为自己没有规律地锻炼身体，三分之一的人说从来不运动。他们的身体反映了自己的想法。服务员的平均血压、腰臀比和体重显示，他们好像从没劳作过，就像每天久坐一样。

克拉姆设计了一个标签，说明服务员的工作等同于锻炼。铺床、收拾地上的浴巾、推重的行李车、吸尘等，这些都需要耗费体力。标签上甚至包括做每项工作燃烧的卡路里（比如，一个140磅重的妇女，打扫浴室15分钟，将消耗60卡路里）。在7家酒店里，克拉姆选了4家，做15分钟的介绍，把这个信息告诉给服务员。她还把这些标签，以英文和西班牙文双语，挂在服务员休息大厅里。克拉姆告诉服务员们，他们的工作，完全达到或超过了卫生局局长建议的运动标准，对身体健康有益。另外3家酒店的服务员是控制组，他们接收到运动对健康有益的信息，但没被告知自己的工作等同于锻炼。

4周之后，克拉姆回访了这些实验对象。那些被告知工作等同于锻炼的服务员，体重和体脂肪都有所下降，血压也更低了，甚至变得更喜欢自己的工作。而工作之外，他们没做任何行为调整，唯一改变的就是观念，他们把自己当作锻炼者。相比较，控制组的服务员，在以上方面，没有任何改善。

那么，这是不是意味着，如果告诉自己看电视燃烧卡路里，你就能减肥呢？对不起，不会。克拉姆告诉服务员的是对的，他们的确在运动。只是研究开始时，服务员没有那样看待自己的工作而已。相反，他们更倾向把收拾酒店看作对身体的折磨。

克拉姆引起争论的假设是，当两种结果都有可能时——就像上述研究中，锻炼的好处或体力活儿的劳损——**人们的期望会影响哪个结果更容易出现。她得出结论，服务员将工作视为锻炼的想法，转化了工作对身体的影响**。换句话说，**你期望的结果，就是得到的结果**。

克拉姆接下来足以上媒体头条的研究，进一步推动了这个观点。“品奶昔研究”邀请实验对象早晨8点到达实验室，他们禁食一夜，饥肠辘辘。第一次来的时候，每人分到一杯奶昔，上写“放纵吧，尽情堕落，这是对你的补偿”，并贴着营养成分标签：620卡路里，30克脂肪。一周之后，第二次来的时候，每人喝了一杯奶昔，上写“健康奶昔：给你无罪恶感的满足”，标签显示：140卡路里，零脂肪。

参与者喝过奶昔后，研究人员用针管对其抽取血样。克拉姆测量的是胃饥饿素水平的变化，它也被称为饥饿荷尔蒙。当胃饥饿素水平降低，你觉得饱；当它上升，你开始找吃的。当你吃了高卡路里或高脂肪的东西，饥饿荷尔蒙会急剧下降，而健康食品对其影响较低。

人们预期堕落奶昔和健康奶昔对饥饿荷尔蒙水平的影响差异很大——事实也的确如此。健康奶昔导致胃饥饿素轻微下降，而堕落奶昔，导致了胃饥饿素更大幅度的降低。

但是，事实是这样的：奶昔上的标签，不过是幌子。前后两次，人们喝的都是同样的奶昔，卡路里含量为380。按道理，参与者的消化道该有一致的反应。可当人们认为堕落奶昔太放纵时，饥饿荷尔蒙下降的水平，竟然是喝下所谓健康奶昔后，下降水平的3倍。再一次，人们期望的结果——饱腹感——就是他们得到的结果。克拉姆的研究表明，期望改变了胃肠消化细胞的分泌，这真实地影响了饥饿荷尔蒙的变化。

在服务员和奶昔实验中，人们的观念改变了，身体反应会随之改变。每项实验都表明，某个特定信念会强化身体做出相应回馈：**将体力劳动看作锻炼，会让身体体验积极的收益。将奶昔视为高卡路里的放纵，会帮身体产生饱腹的信号**。

跟减重与饥饿荷尔蒙一样有趣的是，克拉姆好奇是不是别的结果也受我们观念的影响。在更大的范围里，观念会塑造我们的健康吗？她开始琢磨压力。她知道大部分人认为压力有害，尽管它也有益处，这是两种可能的结果。压力对幸福的影响，会不会部分地取决于你期望哪种结果？如果克拉姆能改变人们对压力的看法，那会改变人身体上的反应吗？

就是这个疑问，促使我在4月某个阳光明媚的早上，来到艾丽娅·克拉姆的实验室。沿着楼梯往下到无窗的地下室，愉快地和她的团队相互介绍以后，克拉姆的一个学生把我捆上，塞进了外人会怀疑是刑具的一套设备里。我的肋部和脖子，分别被两个金属环紧紧箍住，金属环连着一个能监测我心脏活动的记录仪。一个血压仪箍在我左臂上，另一个夹住我的左手中指。臂弯里、指尖上、腿上的电极用来测量血液流动和出汗情况。连在右手小指上的温度计将记录我的体温。之后，一个实验助理请我往一个小试管里吐唾液，以分析压力荷尔蒙。

几个月前，在克拉姆最近的研究里，实验对象就是这样被对待的。实验目的是操纵参与者对待压力的观点，然后观察他们身体的反应。

我要面对的压力是群体面试。为帮助我有更好表现，面试过程中面试官们会给我即时反馈。但这不是普通的角色扮演，为了给参与者制造压力，面试官们经受过特别训练，他们会给我（和每个参与者）负面评价，不管我说什么或做什么。我的目光接触太糟糕，举例不当，说了太多的“嗯”和“啊”，我的姿势显得很不自信，等等。问题也很尖锐，比如“你觉得职场里还有性别歧视的问题吗？”不管我和其他参与者怎么说，面试官都会对答案提出批评。即使我知道这是精心策划的实验，就是为了整我，但还是感觉很有压力。

群体面试之前，每个实验对象会随机观看两段关于压力的视频中的一段。我看的那段3分钟视频以这样的信息开头：“多数人认为压力有害……但事实上，研究表明压力即动力。”视频接着描述压力是如何提升表现、促进幸福、助人成长的。另一半实验对象看的视频，则以不利的口吻开头：“多数人都知道压力有害……但研究表明，压力的损害比你预期的还要大。”视频接着描述压力如何损害你的健康、幸福，以及工作表现。

两段视频引用的都是真实研究，从这个角度讲，它们都是正确的。但每段视频都是为激发某个人对压力的观念——克拉姆希望这个观念能够影响参与者的身体反应。

我接受这个群体面试，已经是克拉姆完成该项研究的数月之后了。这意味着一完成面试，拔掉电极，我就可以知道之前的实验结果。那个发现，惊到我了。

我吐进试管里的唾液，提供了两种压力荷尔蒙样本：皮质醇和DHEA（脱氢表雄酮）。它们是压力情境下你的肾上腺释放的荷尔蒙，但作用不同。皮质醇帮助转化糖和脂肪，提高身体及大脑使用能量的水平。它也会抑制一些生理机能，这些机能在压力情境下不是那么重要，如消化、再生和生长。DHEA，与此相反，是神经类固醇，就像听上去的一样：一种帮你大脑生长的荷尔蒙。就像睾丸素会帮助身体经由锻炼变得更强壮一样，DHEA会令大脑在经受压力体验后变强大。它也会中和一些皮质醇的效果。比如说，DHEA能加速伤口愈合并提升免疫功能。

两类荷尔蒙你都需要，哪个也不好，哪个也不坏。然而，这两类荷尔蒙的比例，会影响压力的结果，尤其是长期的压力状况。过高的皮质醇，伴随的是坏结果，如免疫功能受损和抑郁。与之相反，高水平的DHEA则会降低焦虑、抑郁、心脏病、神经元退化和其他疾病的风险。我们通常认为这些疾病与压力相关。

DHEA与皮质醇的比例，被称为压力反应的成长指数。高成长指数——DHEA更多——帮助人们在压力下奋起。它能预测哪些大学生更能坚持学习，更有韧性，平均分更高。在军事生存训练中，高成长指数的士兵更专注，少分心，问题解决技巧更高超，战后也较少有创伤后压力症状。成长指数甚至能预测极端情况下的反弹能力，比如走出童年受虐的阴影。

克拉姆想看看，改变人们的压力观念，能否修正对反弹力的测量。3分钟的压力视频，能改变压力荷尔蒙的比例吗？

答案令人感到不可思议，真的可以。

视频对皮质醇水平没有影响，每个人的皮质醇，如同期望的一样，在群体面试中都上升了。然而，面试前看了压力有促进作用视频的实验对象，较之那些看了压力有害视频的实验对象，释放了更多的DHEA，成长指数更高。视压力有益导致了这一切，不是以主观的、自我报告的形式，而是用参与者肾上腺释放的荷尔蒙比例来证明。视压力有益创造了不同的生理事实。

## 从安慰剂效应到思维模式

克拉姆的压力实验展示了安慰剂效应。像糖片一样，积极的视频改变了参与者对压力如何影响他们的预期，从而得到了期望的结果。

安慰剂效应是一种影响力很大的现象，但它是人为操控的，有人告诉你怎么看待某事。通常，他们给你某种你没有任何概念的东西，比如一片制剂，说“这很管用”，你就信了。可事关压力，每个人已经有了观点，每当体验到压力，你关于它的信念就不请自来。想象一下，每天有多少可以称之为压力的时刻，又有多少次你会说“压力好大啊”或“我好有压力啊”？每当这个时候，如何看待压力，都将改变你的生物化学反应，并最终改变你的应对方式。

这种信念的力量，已经超越了安慰剂效应，这是思维模式效应。不像安慰剂效应，对特定高产出只有短暂影响，思维模式如同滚雪球一样，对结果有更长久的影响。

如同我们看到的，思维模式是左右你思考、感受和行动的信念。如同滤镜一样，你透过它看待所有的一切。不是每个信念都能成为思维模式，有些想法没那么重要。你可能会认为巧克力味比香草味好，问别人年龄不礼貌，世界是圆的，不是平的。那些信念，不管你持有得多么强烈，对你如何看待生活，没多大影响。

能成为思维模式的信念超越了倾向、既成事实，或者智力观点。它们是反映你人生哲学的信条，通常建立在关于世界如何运行的理论之上。举例来说，世界越来越不安全，钱会使你幸福，凡事皆有因，或者人不会改变。所有这些信念有可能影响你如何看待过往经历，以及做决定。当某个思维模式启动——被记忆、所在情境或别人的话激发——它会带来一系列想法、情绪和目标，这些会决定后续反应。接下来，这将影响长期产出，包括健康、幸福，甚至寿命。

拿你怎么看待变老这事举例。之前我提到过，对变老持积极观点平均会增寿差不多8年。它也能预测其他重要健康表现。比如，巴尔的摩老龄化纵向研究，跟踪了18岁到49岁的一群成年人达38年，结果发现，乐观看待变老的人，得心脏病的概率低80%。关于变老的信念，同样会影响从重大疾病和事故中恢复。在一项研究中，认为变老将“更睿智”和“更有能力”的人，比那些持有消极观念、认为变老将“更没用”和“干啥啥不行”的人，从心脏病中康复得更快。在另一项研究中，积极看待变老的人，从折磨人的疾病或事故中恢复得更快、更彻底。重要的是，两个研究衡量的都是康复的客观指标，比如行走速度、平衡、从事日常行为的能力。（顺带说一句，如果这些发现使得你想培养更乐观的变老观念，考虑下这个：研究持续地表明，人越老越幸福。尽管年轻的成年人，很难相信这个。）

变老的信念——有时是几十年前监测的——是怎样影响心脏病、行走不便和死亡风险的呢？研究都控制了一些重要因素，诸如实验对象最初的健康状况、情绪状态和社会经济地位，但这些解释不了结果。

相反，一个可能的答案是健康的行为方式。持有消极变老观念的人，更容易视糟糕的健康为不可避免的状况。他们认为年龄大时，对保持和改善健康无能为力，因此对未来的幸福投注较少的时间和精力。相较而言，积极看待变老的人，更愿意从事改善健康的行为，像规律锻炼、谨遵医嘱。举例来说，一项旨在提升变老积极观念的干预措施，提升了参与者的身体表现。当你乐观看待变老，你就更愿意做对未来有益的事情。

对待变老的信念，对重大健康挑战后的行为有相当大的影响。位于柏林的德国老年研究中心对上了年纪的人做了持续跟踪，研究重大疾病或事故的影响。那些乐观看待变老的人，对自我健康更负责，他们更主动，更投入地做康复训练，以应对危机。与此相反，消极对待变老的人，不太愿意采取行动改善健康。这样的选择，相应地，影响了康复状况。生病或发生事故后，持乐观变老态度的人，报告说对生活更满意，身体更健康，生理机能更好。

如何看待变老这事，甚至会影响你活下去的意愿。人到中年时，消极看待变老的人，报告说不太愿意度过余生了。作为老年人，他们更倾向认为生命空虚、无望，或者没有价值。在一项研究中，耶鲁心理学家通过潜意识猜测谁对变老乐观看待，谁对变老消极看待，来研究信念对生存欲望的影响。研究人员请老年人做假想的医疗决定，那些被猜测持有积极变老观念的人，面对可能的重大疾病，更愿意接受漫长的医疗。而悲观看待变老的人，更容易放弃治疗。

这类发现表明，如何看待变老是通过影响你的目标和选择，来影响健康和寿命的，而不是某些积极思考的神秘力量。这是思维模式的完美例子，它比安慰剂效应更有力，因为它不仅改变了你当下的体验，也会影响未来。

这显示出，如何看待压力，同样也是能够影响你健康、幸福和成功的核心信念之一。如同我们看到的，你的压力思维模式塑造着一切，从压力情境下你感受到的情绪，到应对压力事件的方式。这相应地，会决定你是在逆境中奋起，还是被压得精疲力竭、郁闷抑郁。好消息是，即使坚定地认为压力有害，你依然可以培养能帮你奋起的思维模式。

## 你的压力思维模式是什么：压力有害？压力是动力？

心理学家艾丽娅·克拉姆和她的同事开发了压力思维模式测试，以评估人们对压力的看法。花点儿时间看看下列两种思维模式，考虑下你更同意哪组说法——或者，至少，拿起这本书之前，你更同意哪个：

**思维模式1：压力有害。**

承受压力损害我的健康和活力；

承受压力影响我的表现和效率；

承受压力阻碍我学习和成长；

压力的影响是负面的，应该避免。

**思维模式2：压力有促进作用。**

承受压力有助于我的健康和活力；

承受压力提升我的表现和效率；

承受压力推动我的学习和成长；

压力的影响是积极的，应该加以利用。

这两种模式中，“压力有害”思维更加普遍。克拉姆和她的同事发现，即使大多数人都能够在两种模式中找到事实，然而他们还是认为压力弊大于利。男女老少没有差别。

克拉姆观察到的趋势与其他研究的发现一致。在2014年罗伯特·伍德·约翰逊基金会与哈佛大学公共卫生学院做的调查中，85%的美国人同意，压力对健康、家庭生活和工作有消极影响。根据美国心理学协会的调查，多数人认为他们承受的压力水平不健康。即使那些说自己压力不大的人，也认为合理的压力水平应该比他们正在承受的要低。几年来，人们认为的理想压力水平实际有所下降。从2007年开始，美国心理学协会开始了年度压力调查，那时人们认为中等压力水平相对合理。现在，被调查者认为，同样的中等压力水平不健康。

然而，也有证据表明人们看到了压力的好处。2013年，我对正在参加斯坦福大学领导力发展项目的首席执行官、副总裁和总经理们做了一个调查，51%的人说自己在压力状况下表现最出色。在2014年哈佛大学公共卫生学院做的调查中，67%报告承受着高压的人也说，压力带给了自己至少一方面益处。但是，两个调查的参与者都坚信，他们应该做更多，以减少压力。这个对压力的态度，不单是美国人的思维模式。我在加拿大人、欧洲人和亚洲人那里得到了相似的观点。即使人们能识别出压力的一些好处，对压力的总体认知，还是相当负面的。

重要的是，负面思维与积极观点伴随着完全不同的产出。克拉姆的研究表明，相信压力有促进作用的人，比那些认为压力有害的人，更少抑郁，对生活更满意。他们更有活力，更少健康问题。他们更快乐，工作更高产。他们与压力的关系也有所不同：更乐于视压力状况为挑战，而不是打垮自己的问题。他们对自己搞定挑战的能力更自信，更善于在困难情境中发现意义。

现在，如果你也像我一样，那对这些发现的第一反应可能是怀疑。我对这些事情开始的反应是："对压力保有积极观点的人更幸福和健康，那是因为他们的压力不大。乐观看待压力的唯一解释，就是生活中碰到的压力不够大。再痛苦一点，关于压力的观点就会改变。"

尽管我的怀疑，是受自己的压力思维模式驱动，不太科学，但依然是合理的猜测。克拉姆也考虑到了这点，积极的压力思维，可能是轻松生活的结果。但当研究数据时，她发现人们如何看待压力，与他们承受的压力严重性之间，只有微弱的关系。她也发现，人们在过去一年经历的压力事件数量（诸如离婚、失去亲人或换工作），与他们多消极看待压力之间，关系也非常小。那些乐观看待压力的人，并非一辈子都没遇到过痛苦。克拉姆还发现，无论人们当下承受的压力是小是大、过去一年有没有遇到压力，乐观看待压力对人都是有益的。

那么，既然压力思维模式不能反映你承受了多大压力，有没有可能，它反映了一些特定性格特征？毕竟，有些人倾向于对一切都持乐观态度，包括压力。研究表明，乐观主义者比悲观主义者活得久，没准儿是整体的乐观主义，保护了人们免受压力的负面影响。克拉姆也是这样考虑的。持有压力对人有激发作用观点的人，更可能是乐观主义者，但相关性不大。相较乐观主义，另两个性格特点与积极压力思维伴随得更紧密：正念及忍受不确定性的能力。然而，克拉姆的研究表明，这些性格特点都无法解释压力思维模式对健康、幸福或者工作效率的影响。虽然一个人怎么看待压力，有可能受某些性格或经历的影响，但压力思维对健康和幸福的作用，无法从这个角度得到解释。

克拉姆的研究指向了一个更大的可能：压力思维模式很强大，是因为它们不仅影响你怎么想，并且影响你怎么行动。视压力为害，它就是需要规避的东西，感受到压力就变成了企图逃避或减压的信号。确实是，秉持压力有害思维的人，更可能说他们是通过规避来应对压力的。比如说，他们更可能：

· 努力使自己逃离压力源，而不是搞定它；

· 集中精力摆脱压力感受，而不是采取步骤追根溯源解决压力；

· 转向酒精、别的替代品，或其他上瘾的东西以逃避压力；

· 从产生压力的关系、角色或目标中撤回精力和注意力。

恰恰相反，认为压力有益的人更可能主动积极地应对压力。举例来说，他们更愿意：

· 接受压力事件和发生的事实；

· 谋划策略处理压力源；

· 搜集信息，寻求帮助或建议；

· 采取步骤征服、消除或改变压力源；

· *以更积极的方式看待压力，更好地利用情境，把它当作成长的机会。*

这些处理压力的方式，导致了非常不同的结果。面对困难迎头而上，而不是企图逃避或否认，你就强化了应对压力的资源。你对处理生活挑战的能力更自信，你就建立了更强大的社会支持系统。能管理的问题得到处理，而不是恶性循环失去控制，不能掌控的情境就变成了成长机会。这样，如同其他思维模式一样，压力有益的信念成了自我实现预言。

## 思维模式初干预：改变对压力的想法

要真正测试压力思维模式的影响，你必须改变某人对压力的想法，然后长期跟踪他。这就是克拉姆和她同事接下来做的。

首次压力思维模式干预发生在全球金融机构UBS公司里，当时正是2008年经济危机最严重的时候。金融行业因为压力巨大而臭名昭著，一项研究发现，进入该行业不到10年，因为透支和职业倦怠，100%的投资银行家会患上至少一种以下症状：失眠、酗酒或抑郁。2008年经济崩溃只是放大了压力而已。金融从业者报告说工作压力剧增，担心被裁员，他们筋疲力尽，严重透支。整个行业蔓延着焦虑、抑郁和自杀率上升的消息。

和大多数金融机构一样，UBS遭到沉重打击。根据2008年年报，股东们持有的股票价值下跌了58%。公司大幅裁员，员工福利降低了36%。在这个过程中，UBS员工收到人力资源部的邮件，邀请他们参与一个压力管理项目。总共有388人——男女各半，平均年龄为38岁——签到加入。此时，这些实验小白鼠面临着工作量增加、工作要求不可控、未来充满不确定性等挑战，他们深知压力为何物。

员工被随机分为三组。第一组的164人，经过线上培训，接收了典型的压力管理信息，信息强调压力天生就有害。第二组的163人，接收的线上培训信息，则从积极的视角看待压力，这是对思维模式进行干预。另外61名员工组成较小的控制组，没有接受任何培训。

一周之内，接受线上培训的员工，都收到了邮件，里面链接着三段视频，每段长度为3分钟。第一组的人，收到了诸如“压力是美国第一健康问题”和“压力与六大死亡原因息息相关”一类的数据。视频警告说压力会导致情绪不稳、精神透支和记忆力损害。视频里还包括了管理者在压力下表现失常的画面。

思维模式干预组的员工看的视频完全不同。这些视频解释了压力是如何提升身体抗挫性、增强专注力、加深关系和强化自我价值的。视频分享了一些例子，有艰难情境下奋起的公司，也有面临巨大压力表现出英雄主义的个人。

线上培训的前后，所有员工都完成了问卷调查。对于研究小组的第一个问题——你能改变一个人对压力的想法吗？——答案是肯定的。观看消极视频的人，更加确定压力有害。相反，干预组的员工对压力的看法更积极了。

思维模式发生了多大的改变？不是很大。干预组的员工没有突然忘记以前听到的，关于压力多么有害的那些事。他们也没有求着说再给我点儿压力吧。但是，他们比干预前，有了更平衡的想法。数据上看变化巨大，但并没有完全颠覆。他们不再视压力完全有害了，而能够从好坏两个方面思考。

第二个重要问题是，思维模式的转变是不是会伴随其他改变。再一次，答案是肯定的。受到思维模式干预的员工，焦虑和抑郁情绪有所缓解。他们报告了更少的健康问题，比如背痛和失眠。他们还说在工作上更专注、投入、合作和高效了。关键是，这些改善就发生在极端的压力状况下。看了消极视频，以及没有接受培训的员工，在这些方面都没变化。

克拉姆继续与不同对象，做压力思维模式干预及研讨会，包括医护工作者、大学生、高管，甚至海豹突击队队员。她还以其他方式做实验，改变人们对压力的想法，这章的后面我们会有所提及。她的研究表明，非常简单的干预，会对人们如何思考和体验压力产生长久改变。采取更积极的方式看待压力，可以减少我们通常认为和压力有关的问题，帮助人们在高压下奋起。

这些发现，如同克拉姆早期的研究成果一样，可能会让你直挠脑袋，琢磨这是怎么回事。为了更好地理解为何思维干预有如此强大的作用，以及你怎样才能改变自己的模式，让我们近距离看看，关于思维模式转换，科学研究是怎么说的。

## 归属感干预：忘掉它，内化信息

斯坦福大学的心理学家格雷格·沃顿和艾丽娅·克拉姆一样，也是位思维大师。过去十几年，他一直致力于完善改变思维的艺术——干预措施，产生了重大影响。他的干预措施——通常就持续一个小时——在任何方面都能对人有所改善，从婚姻满意度，到学习成绩、身体健康，甚至是意志力。他对将科学发现转化成有意义的行动十分热忱，为此曾经到白宫展示研究成果。他指导政策制定者、教育工作者和政府机构，运用社会心理学知识解决现实问题。

在每个项目中，沃顿都会针对某个影响幸福或成功的信念进行干预。比如说这个想法——智商是固定的特质，不可开发。他会用一个简单的干预措施，提供一个替代观点，帮助参与者尝试新的思考方式。整个方式即：这是你可能没考虑过的想法，你觉得它适用于你吗？然后他跟踪一段时间，看看这个想法是如何生根发芽的。

当我问沃顿哪个是他最喜欢的思维干预项目时，他立刻提到在一所常春藤学校里，给一群大一新生做的那个。在这个研究中，沃顿传递了一条简单信息：如果你没有归属感，这很正常。很多人到新环境里，都会这样，慢慢就会改变。

沃顿选择社会归属感做焦点，是因为他知道没有归属感——在学校、职场或任何对你重要的群体中，普遍存在。然而，很少有人公开表达。多数人认为他们自己是唯一不属于那个环境的人。

没归属感会改变你对所有体验的理解。对话、挫折、误解等，所有一切都被看作你不属于那里的证据。自己不属于那里的信念，会引发很多不良想法，从谎言综合征（我是个骗子，谁都看得出来），到假想威胁症（每个人都盼着我失败），再到自我设限（为什么还要徒劳尝试）。这些念头会导致自毁行为，比如逃避挑战、隐藏问题、无视反馈，以及无法建立支持性的关系。这般行为，相应地提高了失败和被孤立风险。而这，恰恰成为我根本不属于这里的证据。沃顿想通过改变常春藤大一学生没有归属感的想法，切断这个自我实现预言。

在思维干预的开始，沃顿让新生们阅读一份调查摘要，低年级和高年级学生在调查里谈论他们在学校的感受。所有摘要都是刻意挑选的，传递的都是每个人面临社会归属感的挑战，但会随着时间改变这类信息。比如，一个高年级学生写道：

> 最初来这儿的时候，我担心自己和别的学生不一样，不确定能融入其中。一年之后，我意识到，很多人来这儿的时候，也都不确定能否适应。现在看来这有点儿讽刺，每个人最初都觉得和别人不同，最后则会意识到，至少在某些方面，大家是一样的。

读过调查摘要后，工作人员请新生们写篇短文，反思一下自己在学校的经历，与刚刚高年级和低年级同学描述的有何相似之处。写过之后，工作人员解释说学校正在拍摄一个宣传片，在明年新生报到时播放，目的是帮助刚到的学生适应大学生活。工作人员问大家是否愿意在摄像机前面读自己写的短文，这样他们就会被拍摄到宣传片里。“你们可能知道，来到新环境，不知道会发生什么，是很困难的。而你们，刚刚有过相同体验的老学生，正好可以帮助新生们走出困境。”实验人员解释说，“你们愿意这样做吗？”

这就是整个干预过程。学生们阅读一个调查，写一篇短文，给下届新生传递一条关于社交归属感的信息。

这是第一次做这类干预措施，沃顿跟踪了它对非洲裔学生的影响。在常春藤学校里，这个群体通常在归属感方面最为挣扎。结果令人吃惊啊。相对那些没有被随机选来参加研究的孩子，一次干预，在接下来的3年里，提升了学生的学业表现、身体健康和幸福感。到毕业时，他们的平均学习成绩，远远高于那些没有参与项目的非洲裔美国学生。实际上，他们的成绩好到完全弥合了学校里少数族裔与多数族裔学生间的成绩差异。

当沃顿研究可能解释这些结果的原因时，他发现干预措施改变了两件事情。第一，它影响了学生面对学业和社交问题时的反应方式。他们更倾向视问题为短期的，而且是大学经历的一部分。第二，干预影响了学生的社交圈。接受思维干预的学生，更愿意寻找导师，更容易建立亲近的友谊。“过程以心理学的方式开始，”沃顿告诉我，“但是接着变成了社会学。”

沃顿和同事们在许多场合下进行了归属感干预。在一项研究中，它提升了学生的保留率，比给他们3500美元奖学金还有效。在另一项研究中，降低了一半失学率。工程系的女生接受了干预后，觉得工程院系更有人情味儿了。她们开始和男工程师建立友谊，甚至报告说听到黄色笑话的概率降低了。“她们的社交圈正在发生变化。”沃顿解释。

关于这类思维干预，最令人称奇的大概就是，人们会忘掉它。当学生们毕业，接受最后一次常春藤项目跟踪时，沃顿问他们是否记得大一时参加过那项研究。虽然79%的学生记得参加过，但只有8%的学生记得内容是什么。相反，新的思维模式已经成为他们认知自我和学校的一部分。他们忘记了干预措施，但内化了信息。

我想，这是思维科学中最有前景的部分。一旦某个思想生了根，你就不用在这方面投入努力。它不是需要驾驭的意识层面策略，或者每天都得做的思想斗争。新思维引入后，就会接管局面，生长繁荣。

沃顿承认说，于很多人而言，这听上去像科幻，而不是科学。但思维干预不是奇迹或魔术，它们是思想催化剂。改变思维引发了行动，随着时间、行动带来了持久的积极变化。

## 成长型思维：人在诸多方面都可以改变

做思维干预的心理学家，已经习惯了各种质疑。很多人觉得这很荒谬，如此简单、一次性的干预，内容不过是用新方式思考某件事情，就能改变一个人的生活？即使干预措施成功了，甚至超越了研究人员最狂野的期望，人们还是很难相信它们真的管用。

戴维·耶格尔，是位于奥斯汀的得克萨斯大学一名思维模式研究者。他和我分享了一个故事，说明人们的怀疑深到何种程度。故事发生在圣弗朗西斯科海湾地区的一所高中，学生们来自最低收入水平的家庭，考试成绩也是全州最末。差不多四分之三的孩子享受学校免费午餐，许多人都是帮派成员，40%的学生说在学校没有安全感。

耶格尔想教新生们一种成长型思维——人们在许多方面都是可以改变信念的。为实现这个，他让学生们读一篇短文，文章介绍了几个主要观点：你现在是谁，不代表以后就永远这样；人们如何对待你，看待你，不代表你就是那样，也不能决定你未来的样子；随着时间的变化，人的性格会发生有意义的改变。学生们同样读了高年级学生以第一人称写的文章，描述自己改变的体验。最后，学生们要写一个故事，关于人们——包括他们自己是如何随时间改变的。

当时是新学年开始，耶格尔在高中体育馆，面对着120名穿着运动服的九年级学生，组织了这个时长30分钟的干预项目。就在学生们读第一篇文章时，一个不了解该项目细节的体育组老师走了过来。“你为什么在这里？”他问耶格尔，“你为什么不去小学？对这些孩子，这太晚了，纯粹是浪费你的时间。”讲这个故事时，耶格尔笑了，但这明显使他恼火。“这太讽刺了。我来这儿，就是教孩子他们是能改变的。”

尽管有人怀疑，这项措施却产生了深入而持久的影响。学年结束，接受过干预的学生更加乐观，更不容易被生活中的难题打垮。他们更少有健康问题，相比那些随机被编入控制组的孩子，更不容易沮丧抑郁。81%接受干预的学生通过了九年级代数考试，控制组却只有58%的通过率。思维模式转化最大的学生，干预措施对学习成绩的影响最强烈。平均来说，这些新生以1.6分（相当于C–）开始，以2.6分（相当于B–）结束了他们第一学年。

结果如此可观，以至于我为那些随机被分到控制组的孩子感到遗憾。的确，这些结果令学校感到惊讶，改变了老师对学生潜力的看法。但是，据耶格尔说，这样的结果，往往很快会被忘记。他总是把数据展示给实验所在学校的老师，他对教育非常有激情，成为研究员之前，曾经在俄克拉何马州的图尔萨教过中学英语。他把所有资料都给对方，以继续提供思维干预，但是很多学校都没有采取下一步行动。耶格尔说，30分钟的干预就能改变人生轨道的想法，实在令人难以接受。“人们就是不相信这是真的。”耶格尔说道。

这就是思维模式干预的现状：它们好到太不真实。它们与深深植根于我们的，关于改变的信念背道而驰。我们认为所有问题都根深蒂固，很难改变。许多问题确实由来已久，但是在本书中，你会反复看到一个主题，那就是思维模式的小转变，会激发一系列深入变化，甚至会挑战可能的极限。我们习惯性相信，需要先改变生活中的一切，才会幸福，或者健康，或者得到想体验的其他东西。思维科学表示，过程是相反的。改变思维是其他变化的催化剂。但首先，我们得让自己相信，这样的改变是可能的。

## 如何尝试自行改变压力思维模式

2013年6月，在苏格兰爱丁堡的TED演讲中，我首次谈到拥抱压力。之后，这个问题不断被提起：我怎样才能改变自己的压力思维？

到目前为止，我们看到的思维干预，人们是被人为操控而经历思维转变的。没人说“看到压力的好处对你有益”之类的话，信息更为简单，“压力对你有益”。那么，如果你自己尝试改变有关压力的想法，这可行吗？或者说，你只有被人设计才能做思维转换？

回答这个问题的一种途径是回头看看安慰剂效应。很长一段时间，医生和科学家都认为安慰剂效应需要欺骗。糖片只有在患者相信自己吃的是真药时才有帮助。但后来发现，欺骗并不是安慰剂效应中起作用的成分，即使患者知道正在服用的是替代品，效应依然存在。

在一项公开标签的安慰剂实验中，患者拿到一个小包，上面清楚地注明“安慰剂”，成分清单也很简短：糖。医生告诉患者，是的，这是安慰剂，里面没有对病情有作用的成分。但是，医生解释，你的头脑和身体有自愈的能力，安慰剂将引发这些康复程序。医生鼓励患者规律地服用糖片。

令人惊讶的是，清楚标明“安慰剂”的糖片，对季节性头痛、狂躁症和抑郁都起了缓解作用，常常能和最好的治疗方法产生的效果相媲美。邀请患者自投罗网——解释安慰剂效应如何起作用，没有降低安慰剂的功效，甚至强化了效果。

研究表明，思维干预也可以这样进行。告知人们思维干预是如何进行的，鼓励他们在日常生活中记住新思维，这并不会降低它的效果。

之前用偏见性视频影响参与者压力信念的艾丽娅·克拉姆相信，合理的思维干预应该更少操纵，更多选择。她和同事现在用的方式，比2008年金融危机时在UBS公司采用的培训更透明。新的措施教授参与者思维的力量，邀请他们接纳更为积极的压力观点。

第一次“公开标签”思维干预发生在一家财富500强公司。员工被邀请参与一个压力管理培训，229名大多数中年的员工注册加入。约一半的人被随机安排接受2个小时的压力思维培训，而其他人被放在等待名单之上。

培训开始，员工们了解了有关压力利弊的研究，之后学习了思维模式的影响，包括克拉姆之前的实验结果。他们被清楚地告知，培训的目的是帮他们选择更为积极的压力思维。

为培养新思维，员工们被要求回顾自己与压力有关的体验，包括压力有助益的经历。他们还学习了三步法，以便感到压力时锻炼新思维。

第一步是当你感觉到时，承认压力的存在。也就是允许自己感知到压力，包括它是如何影响身体的。

第二步是欢迎压力，意识到它是对你在意事物的反应。你能联结到压力背后的积极动机吗？什么有危险了，为什么你会在乎？

第三步是运用压力给你的能量，而不是耗费它试图去管理压力。

你现在可以做什么，才能反映你的目标和价值？实验人员鼓励员工记住这三步流程，每天在感到压力时至少练习一次。

3周之后，研究人员回访了参与者。接受培训的人在压力思维方面有所转化。培训前，员工们基本秉持着压力有害的思维，但现在更容易看到压力的好处。他们也更擅长应对压力，焦虑和抑郁状况更少，身体更为健康。工作上，他们感觉更专注，更有创造性，更为投入。思维转换最彻底的员工——从最消极到最积极体现出最大的改善。干预发生的第6周做的最后跟踪表明，这些好处得到了保持。

相比较，被置于等待名单上的员工，没有这样的改变——直到他们也接受那2个小时的培训。之后，和第一组一样，他们报告了同样的思维变化和提升。重要的是，员工报告的压力事件数量的多少，无法解释这些好处。干预没有减少压力，而是转化了压力。

最有效的思维干预有三步，1.学习新观点，2.练习，鼓励自己采纳和应用新思维；3.提供机会，和别人分享该观点。

就像我们看到的，新思维一般是用科学或讲故事的方式引入的。这本书和我的“压力新科学”课程一样，遵从相同的三步流程。第一次见面的时候，我就告诉学生，我要改变他们关于压力的想法。每周，我会讲一次课，谈到这本书包含的科学实验，并给出培养新压力思维的具体方法。接下来的课上，我要求学生汇报上周课堂讨论的内容。他们会应用那些方法吗？重新思考压力帮他们解决棘手的问题了吗？我还请学生特别注意，抓住任何机会与别人分享学到的东西。他们最终的作业，是汇报哪些东西对其最有帮助，以及他们如何与在乎的人，分享或练习有关想法的。

课前和课后的匿名调查显示，平均来说，结课时学生的压力思维变得更为积极了。在跟踪调查中，学生们也较少同意这些话，比如“我的问题，使我很难过上想要的生活”，或者“如果能神奇地消除过往所有痛苦经历，我会那样做”。思维转换伴随着其他益处，学生们报告说处理生活压力时，感觉更自信了，不会轻易被压力打垮。他们还说更有激情去追求那些对其重要的目标。我最喜欢的评论来自一个学生的课后评估：“我不再像以前一样害怕压力了。”所有这些变化都出现了，尽管在第一堂课，得知他们选的课不是要减压，而是要拥抱压力时，很多学生都吓坏了。

在课后的匿名评估中，学生们也和我分享了如何在生活中应用新思维。我很惊讶地发现，学生们变得更擅长处理各种状况，这同时也使我得到了鼓励。一个学生的儿子正在服役，是美国空军特种兵，很多时候家人都不知道他在哪儿。学生发现课程对他应付分离压力和不确定性有所帮助。另一个学生最近离开了糟糕的婚姻，开始独立生活。新压力思维强化了她有能力前行的信念，同时让她更积极地看待过往的经历。还有一个学生最近被降职，陷入混日子模式，和同事越来越疏远。他一直告诉自己工作不尽力有好处，这样能避免被降职的压力。课程帮他意识到，自己有多么自暴自弃，他完全有能力更敬业地高效工作。这只是一些我学生处理挑战的例子。新思维没有改变情况本身，而是改变了学生与情况的关系。依我的经验，当人们愿意以新方式思考压力时，对你能想象的任何情境，都能有所帮助。

当然，意愿不是一直存在。我也清楚地知道，重新思考一个重要信念，使之取得思维模式的地位，相当困难，即使用恐吓的手段也是如此。如果你已习惯视压力为敌，那就很难看到，或是选择去看它的好处。这本书和我的课一样，就是帮你完成这个过程的，如果你愿意的话。接下来两章的重新思考练习，会给你机会尝试新的压力思维模式。第二部分的转化练习更进一步会告诉你如何将这些想法在生活中应用。因为转念的最后一步是把对你最有益的想法与人分享，贯穿全书，我会给出怎么做的建议。或者是分享某个特别棒的研究，或者讨论自己的私人挑战，或者帮助别人拥抱他们的压力。

## 了解你的压力思维如何在生活中运行

改变压力思维的第一步是在每天的生活中关注你现在的思维是如何产生的。我们通常看不到思维的影响，是因为我们太认同思维背后的信念了。思维不像我们做的一个选择，即使你完全知道自己是如何看待压力的，可能还意识不到信念是怎样影响思想、情感和行动的。我把这叫“思维盲区”。解决办法是练习思维觉察——注意你现在的压力思维是如何在生活中运行的。

为了解你的压力思维，就要开始注意你是如何思考和讨论压力的。因为思维模式就像一个滤镜，为每个体验上色，你可能发现有自己的标准方式来思考和讨论压力。你会说什么或自言自语什么？（开始认真研究压力前，我自己的口头禅是“压力太大了”。）注意你以习惯的方式思考压力时感觉怎样。它激励了你？让你精疲力竭？感觉无能为力？你怎么看待自己或生活？

压力思维还会影响你如何回应别人的压力。注意周边的人承受压力时，你的感觉及你说的或做的。当别人抱怨压力时，会令你不安吗？你告诉他们冷静下来，还是别承受太大压力？你会在他们最低沉的时候试图避开吗？或者你视他人的压力为邀请，借机倾诉自己的问题，好像要竞争一下谁的生活压力更大？无论你觉察到自己做什么，试着注意它的后果。它对你的幸福有何影响，又怎样影响了与他人的关系？

接着，看看周围世界的压力思维模式，每天你都会接收到什么信息？一旦你开始寻找，你会发现压力模式到处都是：在媒体上，在人们讨论生活问题的谈话中，甚至在利用减压承诺卖东西的广告里，从洗发水到办公家具。就在我写这章时，有人发给我一篇文章，题目叫《压力是最危险毒药的十大原因》——结果发现是整容手术的广告。我不知道这篇文章是否促进了销售，但标题本身确实是制造额外压力的聪明方式。注意类似信息对你的影响，它们促使你自我关怀，或者只是令人担心自己的健康？别人以某种思维谈论压力时，对你自己思考压力有何影响？

练习思维觉察不需要任何东西，只是好奇心。你开始了解关于压力的信念——你自己的和周围人的——如何影响你的感觉和应对方式。往下读，你将学习如何克服无助信念，以及将积极思维转化为行动。

## 最后的想法

大约1年前，我对艾丽娅·克拉姆坦诚，自己有时候还会抱怨“我压力好大啊”或者“这压力也太大了”。我已经在公众场合对压力有害模式宣战，但自己感觉受不了时，旧的思维模式还会乘虚而入。

她想了想，然后说：“是的，我有时也还会说‘我压力好大啊’，但是，之后我会倾听自己，停下来想想为什么感觉有压力。然后我说‘啊哈，我压力好大啊’！”

现在，我无法转述她说这些时的语调，但简单来说，完全不像我那个版本一样无助。相反，她说这几个字的时候，用的是升调。我笑了，问克拉姆是不是开玩笑。她说不是，接着以她的观点解释说，最有帮助的压力思维该是灵活的，不是非黑即白：能看到正反两面，但选择看压力的好处；感觉到分神，但还是决定专注在你在乎的事情上。她的感触是，感到压力时，做精心的思维转化，比自动的积极思维更有力量。

归根结底，我们要注意，所有的压力思维干预里，包括我在斯坦福的课程，人们都没有报告说完全修正了他们关于压力的想法。人们一看到压力的好处，思维转换的益处就会显现。现在还不清楚是不是会有关键性的突破，或者更大的思维转化总是带来更大好处。于我而言，最重要的收获是，看到压力的好处，不需要摒弃某些情况下压力是有害的意识。思维转换的关键在于允许你秉持更平衡的压力观念——少害怕它，相信自己能搞定它，以它为资源更投入地生活。

# 第二章

# 迎难而上：身处困境时，压力是可以依靠的资源，而非要消灭的敌人

20世纪90年代末期，俄亥俄阿克伦医院的创疗中心做了次非同寻常的实验。刚刚从严重汽车或摩托车事故中幸存下来的患者，在医生的要求下往杯子里排放尿液。尿液样本是创伤后应激障碍（post-traumatic stress disorder，即PTSD）研究的一部分，研究人员想知道：根据创伤后立即检测到的压力荷尔蒙水平，能预测谁会得创伤后应激障碍吗？

事故后的一个月，55名患者中有9个得了创伤后应激障碍。他们脑海里回放事故场面，还做噩梦。他们不开车，远离高速公路，或拒绝谈论发生的一切，以避免想起那场事故。而另外的46个患者没有这样的痛苦。这些更具抗挫折能力的患者，相比患了创伤后应激障碍的人，有不同的尿液样本。他们的压力荷尔蒙——皮质醇和肾上腺素水平更高。

皮质醇和肾上腺素是科学家所称的压力反应的一部分，这组生理变化能帮你应对压力情境。压力影响你身体的许多系统，从心血管系统到神经系统。虽然这些变化的目的是帮你，但人们对压力反应——如同压力一样——更害怕，而不是更欢迎。多数人都视压力反应为敌，要尽可能减小，而事实没这么灰暗。许多时候，压力反应是身处困境时你最好的同盟——可以依靠的资源，而不是该消灭的敌人。

阿克伦创疗中心的事故幸存者项目仅仅是几个研究中的一个，这些研究表明，更强烈的压力反应可以预示，患者会从创伤事故中更好地恢复。事实上，预防或治疗创伤后应激障碍最有前景的新疗法之一就是控制压力荷尔蒙的剂量。举例来说，《美国精神病学杂志》的一个案例报告就描述了压力荷尔蒙如何治疗了一个50岁老人的创伤后应激障碍。他是5年前一次恐怖袭击的幸存者，每天接受10毫克皮质醇注射，连续3个月后，他的应激障碍症状降到了想到那次袭击不再变得非常痛苦的程度。同样，医生们已经开始控制那些要做有创手术的患者的压力荷尔蒙。在高风险心脏手术的患者中，这个举措已经证明可以缩短重点护理的时间，最小化手术后压力症状，提升术后6个月后的生活质量。压力荷尔蒙已经成为传统医疗手段的补充，治疗前接受一剂压力荷尔蒙，可以有效降低焦虑和恐惧。

如果对这些发现感到惊讶，你并不孤单。多数人都认为身体的压力反应是有害的。压力荷尔蒙被看作该被杜绝的毒药，而不是应该开发的潜在治疗手段。根据传统观点，每当你双手冒汗、心跳加速或者胃痉挛的时候，就表示身体背叛了你。为保护健康和幸福，你认为，第一要事就是关闭这些压力反应。

如果你是这样看待压力反应的，那是时候更新了。有些情况下，压力反应有害，而有时我们应该表示感谢。你该学会驾驭它培养抗挫能力，而不是恐惧它。

在这章，我们会看到压力是怎么取得坏名声的，以及为什么你不该相信读到的每条骇人标题。我们同样也会探索生理学方面对压力的最新理解，包括你的压力反应怎样帮你投入、联结和成长。最后，我们将揭穿真相，压力反应不再是过去所说的生存本能。它绝对不是应该被摆脱的过去的动物本能，而是帮你成为今天的完整人的必要因素。

## 压力一直都在，重要的是确保它对你和他人有用

那是1936年的某一天，匈牙利内分泌专家汉斯·塞利往实验室小白鼠身上注射了分离自奶牛卵巢里的荷尔蒙。他希望通过观察发生在这些可怜的啮齿类动物身上的变化，来辨识荷尔蒙的作用。结果对这些笼中之物不太妙，老鼠们染上了出血性溃疡。它们肾上腺肿大，而胸腺、脾和淋巴结——免疫系统的所有部分都缩小了。它们成了一群可怜的病老鼠。

但这真是奶牛荷尔蒙惹的祸吗？塞利继续控制实验，给一些老鼠注射了盐水，另一些注射了分离自奶牛胎盘的荷尔蒙。那些老鼠也表现出了相同的症状。他试了肾和脾的提取物，老鼠们也生病了。他注射的任何东西，都把老鼠弄病了，而且是同样的症状。

最后，塞利灵光一闪：老鼠们生病不是因为被注射的东西，而是注射的过程。被针扎会让老鼠自然地中毒。塞利发现他可以通过让老鼠遭受任何不舒服的体验而制造出同样症状：将其暴露在极热或极寒

的环境里，强制其运动不允许休息，用噪声不停骚扰，喂食毒药，甚至对部分抽取其脊髓。48小时内，老鼠们肌肉紧张，消化道溃疡，然后免疫系统失灵。

接着，它们死掉了。

压力科学就是这样诞生的。塞利选择用“压力”一词既指他对老鼠做的事情（今天，我们会说他对老鼠施加了压力），也指它们的身体如何应对（我们称之为压力反应）。这和你有什么关系呢？嗯，在开始虐待老鼠这份“崇高”的职业之前，塞利曾经是名医生。那时候，他观察了许多身体没一个好地方的患者。他们被诊断患上了某种疾病，但有其他的症状——没胃口、高烧、疲倦透支——这些症状不是那种疾病的典型表现。他们看起来被拖垮了，毫无斗志。塞利管这叫“生病综合征”。

几年后，塞利开始了实验室研究，染病垂死的老鼠让他想起了以前的病人。大概是，他推测原因，日积月累的生活压力和挫折让身体变得虚弱。从这儿开始，塞利从老鼠实验向人类压力跨出了一大步。他猜测蔓延在人群中的许多情况，从过敏到心脏病，都是他在老鼠身上观察到的过程导致的结果。塞利从老鼠到人类的跨越只是理论性的，不是实验性的。他毕生都在实验室研究动物，但这没阻止他观察人类。随着他逻辑上的跨界，塞利做了个永远改变人类对压力的思考的决定。他选择以远远超越实验室小白鼠研究的方式来定义压力。压力，他声称，是身体对施加在它之上的任何要求的反应。不仅仅是对毒物注射、创伤或残忍实验条件的反应，而是对任何要求行动或调整的事物的反应。通过以这种方式定义压力，塞利为我们现代压力研究奠定了基础。

塞利把他职业生涯后半段都用于传播“压力”这个词，他在全世界巡讲，教其他医生和科学家关于压力的概念。他被视为压力的“教父”并获得10次诺贝尔奖提名。他甚至被指定为（可能是）第一位压力管理的官方教练。一路以来，他的工作得到了一些不同寻常组织的赞助。烟草行业花钱雇他写论文，谈论压力对人体健康的有害性。在该行业的授意下，他甚至在美国国会做证说吸烟是预防压力伤害的好方法。

但塞利真正带给世界的是压力有害这个信念。如果你告诉同事说“这个项目太让我上火了”，或者和配偶抱怨“这个压力要逼死我了”，那么你正在向塞利的小白鼠致敬。

塞利错了吗？不完全是。如果你是等同于塞利小白鼠的人类——被剥夺权利、折磨或者虐待——那么，是的，你的身体会付出代价。有足够的科学依据证明，严重或创伤性的压力会损害健康。然而，塞利对压力的定义非常广泛，可不仅仅包括创伤、暴力和虐待，同时也指发生在你身上的一切。于塞利而言，压力还包括身体对生活的反应。如果你认为压力的不可避免的后果，就是小白鼠那样的结局，当然你就会担忧。

塞利最终认为，不是所有压力体验都会让你着急上火。他开始讨论用好压力（良性压力）来对抗坏压力（负面压力）。他甚至在1970年的采访中试图提升压力形象：“压力一直都在，所以重要的是确保它对你和他人有用。”但太晚了，塞利的工作已经在大众和医疗界深深植入了对压力的恐惧。

汉斯·塞利留下的压力研究遗产，十分依赖实验室动物研究，而不是以人类为对象。到今天为止，你听到的压力负面影响，很多都源自对实验室老鼠的研究。但是那些老鼠经受的压力，不是人类的日常压力。如果你是只实验室小白鼠，悲催的一天可能是这样的：无法预料、无法掌控的电击；被扔进水桶里，被迫游泳，直到快被淹死；困在独立封闭的空间，或者圈在拥挤的笼子里，拼死争抢有限的食物。这不是压力，这是啮齿类动物的饥饿游戏。

我最近参加了一位知名学者的访谈，他的动物研究被广泛应用于解释压力是怎样导致人类大脑疾病的。他告诉我们如何给实验室老鼠施压。他选了比一般老鼠体形稍小的鼠类，然后把小老鼠放在关有大老鼠的笼子里。他让大老鼠攻击小老鼠20分钟，然后将其解救出来。较小的、受伤的小老鼠被关在一个新笼子里，但是能闻到和看到刚才攻击它的大老鼠。身体的危险解除了，但心理的恐惧依然存在。这个过程不是就发生一次，而是每天都这样。连续数周，小老鼠都被从自己笼子拿出来，放到大老鼠所在的笼子，每天被虐待一次。当科学家认为实验鼠受到了足够的摧残，他想看看这个经历会怎样影响它的行为。（令人惊诧的是，许多受虐的老鼠都从悲催经历中恢复了，虽然有些表现出了鼠类抑郁症。）

我不怀疑这是个出色的研究，可以反映一些人类压力模式，包括童年受虐、家庭暴力和入狱经历，这些都可能有灾难性的影响。但当文章标题声称“科学证实了压力会让你抑郁”的时候，却很少考虑适用于实验室动物的方法，是否和大多数人抱怨的“我压力好大”能等同起来。比如说，美国在2014年做的一项重要调查显示，人们声称的最大压力来于“无法兼顾家庭成员的日程安排”，排在第二的是“了解到政治家的恶劣行径”。

很多时候，使用“压力”一词时，我们略去了科研细节，没有区分虐待、创伤和日常困扰的影响，这导致了很多不必要的压力。比如说，我的一个朋友怀第一胎时，看到了一篇网络报道，让她惶惶不安。报道标题警告说，妈妈怀孕期间的压力会传给孩子。我朋友当时正承受着巨大的工作压力，她因此开始担忧了：如果不早点儿歇产假，会不会对孩子造成永久性的伤害？

我鼓励她做做深呼吸，放松下来。她读到的研究，是关于老鼠的，不是关于人的。（是的，我查过了——否则要朋友干吗？）里面的怀孕老鼠承受了两种压力：天天禁足——这是委婉说法，其实就是把动物放进不大于它身体的容器内，留些小孔用来呼吸——和强制游泳，或者说是让老鼠踩水，直到它要被淹死。我朋友感受到的工作压力和这相去甚远。

当你细看人类的研究时，怀孕期间的压力很明显不总是有害的。2011年从超过100项的研究中可以发现，只有极其严重的压力，诸如从恐怖袭击中幸存或者怀孕期间无家可归，才会有早产和新生儿体重较轻的风险，平常的高压和困扰都不会。孕期的某种程度的压力，可能还对婴儿有利。比如说，约翰·霍普金斯大学的研究人员发现，报告说孕期承受了较大压力的妇女，生出的孩子大脑发育更好、心跳更有力、抗压的生理指数更高。在子宫里接触到母亲的压力荷尔蒙，使得孩子发展其神经系统以对抗压力。所以我朋友根本无须慌乱。是的，她可能会把压力传给孩子，但那可能会让孩子更坚强。

孕期压力有害这种信息甚至会带来意想不到的后果。比如，对孕期饮酒的孕妇进行的一项调查发现，喝酒被认为是可接受，甚至值得鼓励的减压方式。就像一位妇女告诉研究人员的那样："喝酒对我有好处，至少压力消失了。"当压力和焦虑被视为有害的状况，我们可能会转向更具破坏性的行为，试图保护自己或庇护我们在乎的东西。

相反，我们可以从一些研究中得到安慰，那就是受压经历本身就有保护性。斯坦福生物心理学家凯伦·帕克研究了早期生活压力对人和松鼠猴的影响。为了给小猴子施压，她把它们和母亲分开，每天放在独立的笼子里1个小时。分离很明显让猴子感到痛苦，但比其他动物研究的方法更人道。从很多角度讲，对研究一般的童年压力来说，这是个相当出色的方法。

当初把小猴子和母亲分开时，帕克预测早期的生活压力会导致情感不稳定。但恰恰相反，压力提升了抗压能力。长大后，童年经受过压力的猴子，相较得到更多庇护的猴子，更少焦虑。它们在新环境中更愿意探索，对新东西表现出更强的好奇心——勇气的猴子版本。它们能更快解决研究人员给的脑力挑战。少年时期——相当于十几岁的孩子——以前受压的猴子甚至表现出更强的自控力。所有这些影响都持续到了成年。早期生活压力把小猴子放在了不同的发展轨道上，其特点是好奇心更强、更坚韧。

帕克的小组甚至研究了早期生活压力对成长中的大脑的改变。与母亲分离的猴子前额叶皮质层面积更大。尤其是，早期生活压力增强了前额叶皮质层的某个区域，该区域作用是抑制害怕反应，加强对冲动的控制，提升正向的驱动。帕克和其他科学家认为，童年压力同样可以创造更具抗压性的人类大脑。最重要的是，这是大脑适应压力的自然功能——不是偶然现象或不正常的结果。

压力科学是复杂的，毫无疑问，某些压力体验会导致消极产出。但我们不是汉斯·塞利的小白鼠。那些动物遭受的压力是最坏的一种：无法预测，不能掌控，完全没有意义。如你所知，我们自己生活的压力，很少符合以上描述。即使在最痛苦的情境下，人类依然有找到希望、做出选择和创造意义的天生能力。这就是为什么在生活中，压力导致的结果通常包括勇气、成长和坚强。

## 该抑制某些压力反应

汉斯·塞利的小白鼠是使得压力臭名昭著的一个原因，但你也可以怪沃尔特·坎农的猫和狗。坎农是哈佛医学院生理学家，于1915年最早描述了或战或逃反应。他对恐惧与愤怒如何影响动物的生理感兴趣，其最喜欢的方式就是让动物生气或害怕，比如“用手捂住猫的嘴和鼻子，直到它呼吸困难”，然后把猫和狗放在同一个房间里打架。

坎农观察到，当被吓到时，动物会释放肾上腺素，进入高度激动状态。它们心跳加速、呼吸急促、肌肉紧张——准备行动。而消化和其他非应激生理机能减缓或停止。它们的身体调动能量储备，激活免疫系统，进入战斗模式。这些变化是在求生状态下自发产生的。

或战或逃生存本能不是犬科或猫科动物独有的，它存在于任何喘气儿的物种当中。或战或逃，救了很多动物和人的性命。因此，我们应该高兴，该本能被保留下来，烙进了DNA。

然而，就像许多科学工作者已经指出的，攻击和迅速逃避不是应对人类日常情况的理想方式。或战或逃的反应方式，怎么能帮你解决交通困扰或者失业威胁呢？如果每次事情不顺，你都逃避，那你的社会关系、孩子或工作怎么办呢？你总不能给过期的房贷一拳吧，也不能每次有家庭问题或工作冲突时就玩失踪。

从这个角度讲，压力反应是你该抑制的本能，除非碰到极端的生存危机，比如逃离着火的房子，或者拯救溺水的儿童。对其他的挑战，压力反应是在浪费能量，阻碍你成功地应对状况。这是压力反应的不匹配理论——适用于我们的祖先，不适用于我们。你，作为可怜的人类，会被压力反应拖后腿，它无法应对现代世界。

不匹配理论，基于只有一种压力反应的想法。就像斯坦福神经科学家罗伯特·萨波斯基在文献《压力：杀手的肖像》（这个题目传达了怎样的思维信息）中解释的："你启动压力反应，因为狮子要攻击你；你也启动压力反应，当想到要缴税的时候。"如果你认为身体对压力的反应总是战斗或逃跑，那么压力反应就成了人类进化的包袱。这是许多科学家争论的焦点。

那么，这种观点有错吗？让我们澄清一下：只支持两种生存策略的压力反应——打一拳或者玩命儿逃——绝对不匹配现代生活。人类压力反应的全貌要比这更复杂，逃跑和战斗不是你身体能支持的唯一策略，对于人类而言，压力反应已经进化了，随着时间进行调整，更适应如今生存的世界。它能激发许多生理系统，每一个压力支持不同的应对策略。你的压力反应不仅仅能帮你逃离着火的大厦，而且会助你处理挑战，联结社会支持系统，从经历中学习。

## 超越或战或逃

让咱们假装一下，就一会儿，你在参加一个叫信任游戏的电视节目。主持人给了你100美元，而另一个玩家——你完全不认识的一个人，1分钱都没有得到。如果你选择不信任那个陌生人，那么这100美元就对半分，你俩各50美元。如果你选择信任对方，接下来的决定就由他做主。如果他选择可信，奖金就会提高，你俩各得200美元。如果他选择不可信，奖金也会提高，但是他得到全部，你啥也没有。

你会选择信任陌生人吗？如果角色颠倒——对方决定信任你，你会慷慨，还是自私？

一档真实的英国电视节目——《金球》，就是根据这个前提设计的，测试人们信任和自私的底线。虽然这档节目受到批评，说其鼓励反社会的行为，但行为经济学家理查德·泰勒发现，53%的玩家选择了信任和可信。（他认为这个比例惊人地高，而众所周知，经济学家可不太相信利他主义。）

信任游戏是行为经济学家很愿意使用的工具，用来研究不同的因素，包括压力对决定的影响。在一项研究中，参与者被要求完成有挑战的群体任务——在群体面试和认知能力测验中和别人竞争。项目经过专门设计，以最大化两方面压力：成绩考量及与人比较。随后，参与者与另外一组陌生人玩信任游戏——另一组没有人经历过刚才那样的群体压力考验。你觉得，相比较那些没受压的人，这些人会多么信任和可信呢？

你可能会期望，压力过重的人会更好斗或者自私，但事实恰恰相反。刚刚经历过压力体验的人，以高出50%的概率，更愿意信任陌生人，冒着失去全部所得的风险。他们也以高出50%的概率，更愿意选择可信，与陌生人分享所得，而不是把钱都留给自己。而没有经受压力考验的控制组，信任和可信的比例与《金球》节目的玩家十分接近——约50%。相对比，精疲力竭的人表现出不正常的高信任与可信度——约75%。压力让人更亲社会了。

研究过程中，工作人员跟踪了参与者的生理压力反应。对压力有最强心血管反应的人，在随后的游戏中，也更倾向信任和可信。换句话说，心脏对压力反应越强，他们变得越利他。

这个发现让小伙伴们惊呆了。我的学生就曾经举手辩论，说这个结果不可能。如果你认为压力总会制造或战或逃的反应，这些人的行为就无法解释。他们应该狗咬狗一样，竞争意识超强，准备从那些犯错选择信任他们的蠢货手中带走所有的钱啊。

该发现是可能的，原因在于有许多种潜在的压力反应。不像多数人认为的那样，所有的压力情境都激发某种共同的生理反应。心血管系统的改变，荷尔蒙比例的释放，以及压力反应的其他方面，变化范围很广。生理压力反应的不同，会创造十分不同的心理及社会反应，它们中的某个，提升了利他主义。

有几个典型的压力反应，每个压力的生理特征都不同，激发的应对策略也迥异。比如说，挑战反应，会提升你的自信心；激发行动，帮你从经验中学习；而照顾与亲近反应，提升勇气，驱动关怀行为，增强你的社交关系。和熟悉的或战或逃一起，这些组成了你的压力反应指令表。想了解压力是如何启动这些不同指令的话，我们就得仔细研究一下压力生物学。

## 压力给你应对挑战的力量

正如沃尔特·坎农观察到的，当你的交感神经系统启动时，或战或逃的反应模式就开始了。为了让你更警觉，准备行动，交感神经系统指导你全身集聚能量。肝排出脂肪和糖为血液加油；呼吸加深为心脏导入更多氧气；心跳加速将氧气、脂肪和糖输送到肌肉和大脑；压力荷尔蒙，如肾上腺素和皮质醇，帮助肌肉和大脑更有效地接收和使用能量。通过这些方式，你的压力反应使你做好准备，应对面前存在的任何挑战。

这部分压力反应会给你非凡的生理能力，有数不清的新闻来报道这类所谓的神奇现象，包括俄勒冈州两个十来岁黎巴嫩女孩的故事。她们抬起了三千磅重的拖拉机，救出了被压在下面的父亲。“我不知道怎么抬起来的，它太重了，”其中一个女孩告诉记者，“但是我们就是做到了。”许多人在压力中都有类似经历：他们不知道怎么找到了行动的力量和勇气。但性命攸关时，身体给了他们能量，以做必须做到的事情。

来自压力的能量，不仅仅帮你身体行动，它也能点燃大脑。肾上腺素唤醒感觉，你瞳孔放大接收更多的光，听力更加敏锐。大脑会更快分析感知到的事物，不再分心，不重要的事项不予考虑。压力能够集中你的注意力，以获取周遭更多的信息。

同样，你也会受到内啡肽、肾上腺素、睾丸素和多巴胺组成的化学鸡尾酒的刺激。压力反应的这一面，是有人喜欢压力的原因之一——给你上瘾的感觉。这些化学物质一起提升了你的自信和力量，它们使你更乐于追求目标，采取任何能激活感觉良好的化学物质的行动。某些科学家称之为压力“兴奋和光明”的一面。这在跳伞者跳出飞机，以及情侣陷入爱河中时，都能观察得到。如果你观看势均力敌比赛时有过悸动，或者在截止日期来临前匆忙赶过工，你就了解压力的这面了。

当你命悬一线，这些生理改变太过强烈，你就会发现自己正在经历典型的或战或逃反应模式。但当压力情境稍许缓解，大脑和身体就切换到不同状态：挑战反应。很像战与逃模式，挑战反应也会给你力量。心跳还是会加速，肾上腺素激增，肌肉和大脑加满了油，感觉良好的化学物质汹涌袭来。但它在几个重要方面与或战或逃反应不同：你感觉更专注，而不是害怕。你同样会释放不同比例的压力荷尔蒙，包括更高水平的DHEA，它将帮你恢复及从压力中学习。这提升了压力反应的成长指数，有益的压力荷尔蒙比例能部分地决定一个压力体验对你有助益还是有伤害。

那些汇报自己身处心流状态的人——一种很享受的，完全沉浸在所做事情的状态——显示出明显的挑战反应迹象。艺术家、运动员、外科医生、视频游戏者、音乐家，当他们专注于艺术或技能里，都表现出这类反应。和许多人期望的相反，这些领域的高手在压力下心里并不平静。他们有强烈的挑战反应，该反应使他们获取到更多脑力和身体资源，结果才是我们看到的自信满满、无比专注和巅峰表现。

## 压力鼓励你社交

压力反应不止给你力量。很多时候，它还鼓励你与人联结。这个方面主要受催产素荷尔蒙驱动。催产素被广泛吹嘘为“爱情分子”和“拥抱荷尔蒙”，因为它是当你拥抱时，由脑垂体释放的。但是催产素是更为复杂的神经荷尔蒙，会调整大脑社交本能。它最首要功能是建立和强化社交纽带，这就是为何它会释放于拥抱、性爱和哺乳过程中。提升的催产素水平，使得你想和他人联结，创造对社会联系的渴望，比如触摸、发信息或一起喝个啤酒。催产素同样会使你更能注意和理解他人的想法和感受，提升你的同理心和直觉。在催产素水平高时，你更愿意信任和帮助你在乎的人。通过让大脑对社会交往更积极反馈，催产素甚至能增强你关爱他人后获得的满足感。

但是催产素不只有助于社交，同时还是勇气荷尔蒙。它抑制大脑的恐惧反应，遏止僵住或逃跑的本能。该荷尔蒙不仅让你想拥抱，还会使你更勇敢。

听上去是好荷尔蒙，对吧？有人甚至建议吸食它以成为更好版本的自己，你实际上可以在网上买到催产素吸入器。但是催产素如同能使你心脏怦怦加速跳动的肾上腺素一样，是你压力反应的一部分。受压时，脑垂体会释放催产素驱动社会交往。这意味着压力会帮你成为更好版本的自己，无须另外吸食。

作为压力反应的一部分，当催产素被释放时，它鼓励你与社会支持系统联结。同时，别人有需要时，它帮你更好地回应，以加强最重要的人际关系。科学家们管这叫照顾和友善反应。不像或战或逃反应，主要用于自救，照顾和友善反应驱动你保护关心的人和群体。并且，重要的是，它给你勇气这样做。

当你特别想和朋友或爱人说话时，那就是压力反应鼓励你寻求帮助。当坏事发生，你考虑孩子、宠物、家庭或朋友时，那就是压力反应鼓励你保护自己的族群。当有人做了不公平的事情，你想捍卫自己的团队、公司或社区，这都是亲社会的压力反应。

催产素还有个更惊人的益处：这个所谓的爱情分子实际上对心血管健康也有利。你的心脏是催产素特别接受体，它能帮助心脏细胞再生，修复微小损伤。当压力反应包括产生催产素时，压力的确能强化心脏。这和我们通常听到的信息大不一样——压力带来心脏病！确实有压力诱发心脏病的事，典型的是由大量肾上腺素激增引起。但不是每种压力反应都会损伤心脏，实际上，我看过的最有争议的研究之一发现，给小白鼠施压，想引发其心脏病的做法，恰恰保护了他们免受心脏损伤。但当研究人员给老鼠吃了阻止催产素释放的药，压力就不再保护它们的心脏了。该研究提示了压力最惊人的方面之一——驱动你关爱他人的因素，同时也强化了你的心脏。

## 压力帮你学习和成长

任何压力反应的最后阶段都是恢复，即你的身体和大脑回到无压状态。身体依靠压力荷尔蒙作为恢复的药剂，比如说，皮质醇和催产素减少炎症，帮你恢复平衡到自主神经系统。DHEA和神经增长要素提高神经重塑性，这样大脑可以从压力经验中学习。虽然你可能认为压力荷尔蒙是你需要修复的东西，但实际恰恰相反。这些荷尔蒙存在于压力反应中，就是帮你身体和精神恢复的。压力下释放这些荷尔蒙较高的人，反弹得更快，也较少对苦难念念不忘。

压力恢复过程不是瞬间就能完成的。强烈压力反应的几个小时后，大脑都会自我连线，记忆并从经历中学习。此期间，压力荷尔蒙提升了脑部支持学习和记忆区域的活动。当大脑试图加工体验时，你可能发现自己很难停止思考刚刚发生的事情。你感觉有与人倾诉的冲动，或者想为之祷告。如果事情进展顺利，你可能在脑子里回放刚才的场面，记住做的每件事，以及是怎么成功的。如果事情糟糕，你会试图想清楚发生了什么，想象如果以不同的方式做，或许就是其他结果了。

恢复期间情绪往往激动，你要么特激动，要么特不安，难以平静。从压力体验中恢复时，感觉到害怕、震惊、生气、内疚或悲伤，都很正常。你也可能感到长舒一口气、喜悦或者感激。恢复期间，这些感受往往并存，这是大脑处理经验的方式。它们鼓励你重述发生的事情，汲取教训，以帮你应对未来的压力。它们也助你更深刻记忆该体验，这些情绪的神经化学物质增强了大脑的可塑性——这个词通常用于描述大脑如何擅长根据体验重塑自我。这样，伴随压力而来的情绪帮你从经验中学习，并创造意义。

这就是过去压力教给大脑和身体如何应对未来压力的全部内容。压力会在大脑留下印迹，帮你处理未来遇到的相似压力。不是每个小的刺激都会引发该程序，但当你经历重大挑战时，身体和大脑都会从中学习。心理学家管这叫压力疫苗接种，它就像给你大脑注射了压力疫苗。这就是把受压作为重要训练手段提供给宇航员、危机处理者、优秀运动员等需要在高压环境里工作的人员的原因。压力接种已经被用于训练孩子紧急逃生、员工应对恶劣职场，甚至帮助训练自闭症患者应付社交互动。这同样解释了斯坦福凯伦·帕克等科学工作者的发现，早期的生活压力能增强未来抗挫折能力。

一旦你认同经受压力会让你更擅长处理它这样的观点，你就更容易面对新挑战。实际上，研究表明，期待从压力中学习的想法，能转变你身体对压力的反应，以支持压力接种。就像我们在艾丽娅·克拉姆研究中看到的，看压力有益的视频，在群体面试期间和之后，都提升了参与者的DHEA水平。其他研究表明，视压力情境为提升技能、知识或能力的机会，会让你更可能产生挑战反应，而不是或战或逃反应。这相应地提高了你从体验中学习的机会。

**压力反应帮你应对挑战、与人联结、学习和成长**

| 压力反应如何帮你： | 你怎么知道这正在发生 |
| --- | --- |
| **应对挑战**<br>· 集中注意力<br>· 强化感觉<br>· 提高动力<br>· 激发能量 | 你注意到心脏怦怦跳动、身体出汗或者呼吸加快。你的头脑聚焦在压力源上，感觉兴奋、冲动、不安、焦躁或者准备好要行动。 |
| **与人联结**<br>· 启动亲社会本能<br>· 鼓励社会交往<br>· 强化社会认知<br>· 抑制恐惧、提升勇气 | 你想与朋友或家人更亲近。你注意到自己更关注他们，或者对他们的情绪更敏感。你有保护、支持或庇护别人、组织或在意的价值的愿望。 |
| **学习和成长**<br>· 恢复神经系统平衡<br>· 回放与整合吸收过往经历<br>· 帮助大脑学习和成长 | 即使身体已经平静下来，你依然感觉大脑充满了电。你在脑海里回放或分析过往的体验，或者想跟别人倾诉。呈现的情绪往往较复杂，而且想从发生的事情身上找到意义。 |

## 重新思考压力：思考你的压力反应

在脑海里回放一段最近经受的压力体验。可能是一次争吵、工作上面临的一个问题，或者健康亮起了红灯。然后阅读上页的总结“压力反应帮你应对挑战、与人联结、学习和成长”。花点儿时间想想，身处压力当中或者之后，压力反应的哪个方面出现了。身体试图给你更多力量？你是怎么知道的这个——当时你身体有什么感觉？你寻求社交或支持了吗？联结的冲动感觉是怎样的？你有没有要行动，或保护、捍卫在乎的人或事的愿望？那个愿望是以什么方式表现出来的？压力结束后，你在头脑中回放了吗，或者和别人谈起了吗？事后，或者现在，想起当时的体验，你有什么情绪？花点儿时间描述出来，你感觉到了什么，用文字的形式。

以前，你可能认为手心出汗，需要别人支持，或者事后反刍都是多余的压力“症状”。或许你将它们视为自己没有很好地处理压力的信号。你能选择重新思考这些症状，将其视为身体和大脑正在帮你搞定压力的信号吗？如果你特别不喜欢，或不信任压力反应的某个部分，思考一下它在帮你自我保护、应对挑战、与人联结、学习和成长方面发挥了怎样的作用。从这个角度，花点儿时间写下你的体验。

## 选择你的压力反应

最新的科学研究表明，对待压力的反应方式不止一种。但是是什么决定了在特定时刻，你有怎样的反应呢？

不同类型的压力情境通常会引发不同反应。举例来说，社交压力一般比其他压力引发更多的催产素。这是好的，因为它驱动社会交往。比较而言，表现压力更可能提高给你能量和专注力的肾上腺素和其他荷尔蒙。这也是好的，因为你需要它们以表现出最佳水平。理想状况是，你的反应很灵活，可以调整，你的身体以最好地运用自身资源的形式，对每种压力情境做出不同反应。一个要总结陈词的法庭律师，应该有挑战反应。当她回到家，如果孩子竭力获取关注，照顾和友善反应能够安抚他们及她自己。如果深更半夜响起火警，或战或逃反应就会唤醒她和家人，安全逃出建筑物。

你的生活史同样会影响你对压力的反应方式。特别是，早年的压力体验对成年后压力系统功能有强烈影响。例如，少时得过威胁生命疾病的成年人，面对压力会产生很强的催产素。他们很早就学习到，面临压力需要依靠别人，这导致了照顾和友善反应。相对比，童年有被虐待的经历的成年人，对压力有较少的催产素反应。他们更可能在不利情境中学会了不相信别人。成年后，他们更倾向以或战或逃的方式来自我防卫，或者以独立的方式应对挑战。

甚至基因也会塑造你的压力反应模式。有些基因使人们享受压力反应的肾上腺素冲动，因而寻找压力刺激。这些基因同样也会提高竞争倾向及或战或逃的模式。其他基因决定你对催产素多敏感，因此会影响你表现出照顾和友善反应的倾向性。基因组甚至会影响压力对你的影响程度。有人天生就抗压力强，这使得他们对压力情况缺少反应，不容易被压力情境改变——这有好有坏。而其他人生来就对压力敏感。矛盾的是，这提升了负面结果的可能性，比如抑郁或焦虑；也可能带来积极后果，诸如热诚和自我成长。

然而，如同我们看到的，这些基因差异没有天生注定的。它们只是建立了倾向，还要与生活经历和自觉选择相结合。压力反应系统可调节，不断试图搞清楚如何最好处理你面对的各种挑战。比如说，成为父母会改变你的压力倾向。曾经冲动无比、非战即逃的年轻人，成了父亲后睾酮急剧下降，表现出照顾和友善的一面。相对比，生死创伤事件会把压力系统推向相反的一面。创伤导致了世界不安全这个暂时的念头，大脑和身体准备进行或战或逃反应。重要的是要识别，这些变化是策略性的，不是压力系统损坏的信号。尽管这样的调整有代价，但有非常实际的好处。更重要的是，这些调整不是永久的。你的大脑和身体继续重塑自己，帮你应对生活中最重要的那些挑战。经由新的生活体验和关系，那些创伤事件引发的改变，也可能被反转。

最后，身体对压力如何反应，你也有发言权。压力是帮你从经验中学习的生理阶段，这意味着你的压力反应很容易被刻意练习影响。无论压力过程中你采取了什么行动，你都在同步地教授身体和大脑。如果面对压力你想有不一样的反应——自信地面对挑战，为自己的利益努力争取，寻求社会支持而不是逃避，从痛苦中寻找意义——那没有比练习新的反应模式更好的方式来改变习惯了。压力的每个瞬间都是你转化压力本能的机会。

## 36000英尺高空的压力

在“压力新科学”最后一堂课后不久，一个学生发给了我下面这个故事。瑞娃和她老公拉格斯曼一起上了我的课。最后一堂课后，他们飞往澳大利亚，看望要生产的女儿。

拉格斯曼有心脏病，其中一个症状是睡眠呼吸阻塞。在飞机上他得使用持续空气压力器获取足够的氧气。这个机器得插在头顶上面，占了很大空间——使得飞行对他俩都是煎熬的过程。这架飞机，插座在头顶，插口很松。因为是夜航，机舱很暗，很难看清插座部位。做过膝盖置换手术的瑞娃，不得不经常爬到座位上重接连接机器。在狭窄的座位空间里摸索，是非常难受的，瑞娃感觉到自己的身体承受了很大压力。

这正是那种大多数人都会说压力反应是问题的情境。瑞娃和老公对环境缺少掌控，他们对插座、对空姐感到生气，抱怨对方帮不上忙。逃是不可能的——除非他们买了降落伞，打开逃生出口的窗户。更别提拉格斯曼还有心脏病了，他可不需要在36000英尺高空肾上腺素激增。

但是瑞娃记得压力反应可不只是或战或逃，她和老公讨论了正在经受的压力。不是对压力感到有压力，相反，他们想象身体正在释放催产素，帮他们相互支持并保护拉格斯曼的心脏。知道压力反应有社交的一面，瑞娃和挨着她的女人做了友好交流。和旁边的人联结使接下来的旅程更轻松了，因为她不再担心自己的动作会打扰对方。

瑞娃和拉格斯曼也做了有意识的选择，把焦点从试图搞定控制不了的状况，转移到思考为何这次飞行如此重要。他们讨论了煎熬旅程的意义——看望女儿和即将出生的外孙。这使得他们更感恩这次飞行，虽然有些不舒服。

我喜欢这个故事，因为它是压力反应记忆能转化压力体验的简单例子。这种情况下，聚焦在社会交往和意义上，是忍受漫长和艰难旅程的最佳策略。其他情境中，你有更多掌控的时候，记住压力反应在给你力量，鼓励你去行动，这更有帮助。

当感觉到身体对压力有反应的时候，问问自己，你最需要压力反应的哪个部分。你想反击、逃避、投入、联结、找到意义，还是成长？即使感觉到压力反应正推动你朝向某个方向，聚焦于你想怎么反应，也能转化你的生理以支持你。如果你想发展压力反应的某个方面，思考一下在目前你应对的压力情况下，这方面的表现如何。更擅长这方面的人，会想什么，感觉到什么，或做什么呢？现在，有没有其他方式，来选择反应？

## 最后的想法

关于压力反应不匹配理论——它说身体对压力的反应是过时的生存本能——最主要的一个争论是，对不是性命攸关的危机，你不该有压力反应。感觉有压力被视为心理缺陷，一个得被克服的缺点。这源于那个错误信念，即所有压力反应都是或战或逃的模式。更全面的压力生物画面，帮助我们理解为什么每天我们都有这些反应，为什么它们根本就不是缺点。匆匆奔去接孩子放学，应对麻烦的同事，思考别人的批评，担心朋友的健康——我们对这些事有压力反应，是因为对我们重要的事物有危险，我们就感觉受压。更重要的是，有压力反应，是帮助我们有所行动。

要到目标截止日期了，我们有压力，所以要采取行动。价值观受到威胁，我们有压力，所以我们捍卫它们。需要勇气的时候，我们也有压力。有压力，所以我们与别人联结；有压力，所以我们会从错误中学习。

压力反应不是简单的生存本能。它植根于我们，关乎人们怎么运作，怎么相处，怎么在世界上自我定位。理解了这个，压力反应就不再是可怕的东西。它应该被感激、被善用、被信任。

# 第三章

# 压力和意义成正比：有意义，意味着有压力

2005年到2006年，盖洛普世界民意调查的研究人员访谈了超过125000人，他们年龄在15岁以上，来自121个国家。访谈问题是：昨天你是否压力很大？在发达国家，调查是通过电话进行的。在发展中国家和边远地区，他们挨家挨户上门访谈。

然后研究人员用电脑做了个国民压力指数。每个国家，有多少比例的人说是的，昨天他们压力巨大？世界范围内，平均值是33%。美国的指数挺高，43%。菲律宾以67%的比例居于榜首，而非洲的毛里塔尼亚排名最低，比例刚刚超过5%。

因为国与国比例不同，研究人家就琢磨：一国的压力指数，与其他指标，诸如幸福、寿命和国民生产总值有关吗？先根据你对压力的信念预测一下。承受更大压力的人，对公众健康、国民幸福和经济有好处吗？

令研究人员惊诧的是，压力指数越高，国民幸福度越高。说前一天压力特大的人比例越高，该国人口寿命越长，GDP越高。较高的压力指数同样反映出更高的幸福度和生活满意度。人们越说压力大，对健康、工作、生活水平和社区越满意。研究人员还发现，生活在腐败、贫穷、饥饿或暴力水平高的国家的人，诸如毛里塔尼亚，通常不认为他们的日子很难过。人们说有压力，所反映出的东西和研究人员所认为的客观的恶劣社会条件并不完全相关。

为了理解这个使人困惑的发现，工作人员研究了压力和其他情绪的关系。在感到重压的日子里，人们更容易生气、沮丧、悲伤或者担忧。但是生活在压力指数较高国家的人，同时也汇报说上一天里有更多快乐、爱和大笑。当涉及总体幸福感时，调查显示，最幸福的人不是没有压力的人。相反，他们是那些压力很大，但不消沉的人。这些人，更容易认为自己的生活接近完美。相比较，研究者汇报说，最不幸福的人，体验到更高水平的耻辱、愤怒及低水平的快乐。“很明显能注意到不关压力的事。”

我把这叫作压力悖论。高压既伴有痛苦，也带来幸福。重要的是，幸福生活不是没有压力，没压力的生活也无法保证幸福。虽然大多数人视压力有害，高压看起来却与我们想要的东西并肩而行：爱、健康以及生活满意度。

我们感知为压力的事情，怎么会伴有如此多的好处呢？理解压力悖论的最好方式，就是看看压力与意义的关系。研究表明，有意义的人生，也是有压力的人生。

## 你的生活有意义吗

2013年，斯坦福大学和佛罗里达州立大学的研究人员对美国成年人做了次调查，年龄跨度在18～78岁，来评估多大程度上他们同意“总体来说，我感觉自己的生命有意义”这个说法。这听起来挺离谱，让人们反思自己的一生，判断是否有意义。但是，大多数人凭直觉就会知道答案。大概仅凭读到这句话，你已经有了自己的内在评估。

研究人员接着要看，什么因素可以将强烈认同该说法的人与不认同该说法的人区分开来。有意义人生的最好预测指标是什么？

令人吃惊的是，压力排名很高。研究者询问的每项压力测量指标，都预测了更大的意义感。过去经历过最多压力事件的人，更倾向认为他们的生活有意义。说自己现在正承受很大压力的人，同样评价自己的人生更有意义。人们觉得把时间花在担忧未来上面，也是有意义的，就像花时间反思过去的挣扎和挑战。研究人员得出如下结论：“觉得自己的人生有意义的人有更多担忧，但也比那些认为人生没有意义的人有更大的压力。”

为何压力与意义连接如此紧密？一个原因是，压力看起来是真正投入角色、追求满足意义感的目标过程中不可避免的结果。当人们谈论生活中最大的压力源时，上榜清单是工作、为人父母、私人关系、照顾老人，还有健康。在最近的两个调查里，英国34%的成年人认为养孩子是生活中压力最大的事，而62%的加拿大成年人说工作是最大的压力来源。

每次问人们这些令人痛苦但有意义的角色时，压力悖论就出现了。比如说，盖洛普世界民意调查发现，抚养18岁以下的孩子，极大提高了日常痛苦的概率——而同时，你也拥有更多的笑声。那些说昨天压力透顶的企业家，也说那天学到了有趣的东西。感到有压力是生活出状况的信号，更是反映你多么投入在某些活动和深入在有意义的私人关系中的晴雨表。

研究同样表明，低压生活并不会让人们如想象般幸福。虽然多数人预测如果不那么忙会更幸福，但事实恰恰相反。人们越忙越幸福，即使被迫接受更多的任务。繁忙程度的急剧下降或许可以解释为何退休会提高40%罹患抑郁症的概率。确实有意义的压力甚至可能对健康有益。在一项大型流行病研究中，汇报较高厌倦水平的中年人，在接下来的20年内死于心脏病的概率超过2倍。相对比，许多研究都显示，有更多意义感的人活得更长。比如说，某项研究跟踪了英国9000多名成年人达10年之久，那些说过着有意义生活的人，死亡率要低30%。即使剔除了包括教育、财富、抑郁，以及吸烟、锻炼、饮酒等行为因素，降低死亡风险率依旧成立。

这类发现可以帮助解释为何压力不总是对健康和幸福有害，以及为何不应该害怕有压生活。人们生活中最普遍的压力源和最大的意义来源往往重合，很明显，压力甚至会带来幸福。

压力可能是追求困难但是是重要目标的自然副产品，但这并不意味着每个压力瞬间都富有意义。然而，即使我们正承受的压力本身看起来没有意义，它也能激发寻找意义的渴望——如果不是现在，就是在生命长河的更广泛时间段。毫不夸张，寻找意义的能力，驱动了我们在困境中不抛弃不放弃。人类具备先天的本能，赋予承受的痛苦以意义。这个本能甚至是生理压力反应的一部分，如反思、精神探求和灵魂探索等体验。压力情境唤醒了内在的过程。这是压力生活常常是有意义生活的另一个原因：压力挑战我们，让我们找到生命的意义。

**重新思考压力：什么带给你意义？**

花点儿时间，列出你最有意义的角色、关系、行为或者目标。在生命的哪些部分，你最可能体验到快乐、爱、欢笑、学习或者目的感？列出一些以后，问自己这个问题：同样，它们是不是有时候或者经常让你感觉到压力？

我们通常想象，如果消除掉在家里、职场或追求目标过程中体验到的压力，那该多理想啊，但现实中这没有可能。我们不会在家庭、工作、社区、爱、学习或健康方面，选择全压或全无压力的体验。如果生活中有些事，既有意义，又让你压力巨大，花点儿时间写出来，为什么这个角色、关系、活动或者目标对你如此重要。你或者还可以考虑写一写，如果突然没有了这个意义来源，生活会怎么样。失去它，你有什么感觉？你想让它重新回来吗？

## 在日常的压力中寻找意义

1961年至1970年，生活在波士顿的约13000人参与了美国国民老龄化研究。接下来的五十几年，这些人持续报告生活中的两类压力：

重大生命事件（如离婚或严重事故）和面对的日常困扰数量。2014年，一份针对他们的研究报告出炉，反映压力对死亡率的影响。两类压力中，日常困扰是死亡的更灵敏预测器。1989年至2005年间，有较多日常困扰的人，到2010年已经去世的比例，比承受较少困扰的人高3倍。

自然而然，媒体标题会宣传“压力大的人死得快”“科学研究表明，压力会杀死你”。但为了理解压力的有害性，你得看看研究人员如何衡量所谓的日常困扰。杀人的不是日常压力的存在，而是人们对其的态度。

日常困扰和激励指标罗列了典型生活的53个方面，包括“你的配偶”“工作性质”“天气”“做饭”和“教堂及社区组织”。它要求你评估在那一天，每一项是困扰了你，还是激励了你。基本上来说，指标考量的是，你视角色、关系、日常的活动为讨人厌的不爽经历，还是有意义的体验。你可能会想，“这取决于是哪一天”。而实际上，人们的评分一直相当稳定。视日常任务为烦人的包袱，而不是激励因素，是典型的思维模式。和那天发生了什么，没多大关系。

重要的是，你如何看待压力能够影响这个趋势。如果认为压力有害，任何让你感受到一点儿压力的事，都像是对生活的侵扰。无论是在百货商店排队、匆忙在截止日期前赶工，还是计划家庭的节日晚宴，每一天的经历，看起来都是对你健康和幸福的威胁。你可能会发现自己对这些事抱怨个不停，仿佛你的生活已经脱轨，好像有某个无压的生活版本正等着你。想想2014年哈佛大学公共卫生学院的调查，日常压力最普遍的来源包括烦乱的日程、紧急的工作任务、交通、社会媒体，以及诸如做饭、清洁和维修这类的家事。这些都是正常的、可以预料的生活组成部分。但我们将其视为不合理的额外负担，认为它们阻止了生活呈现本来面目。

正是这种思维模式——不是压力事件的客观测评——更好地预测了五十几年来美国国民老龄化研究中那群人的死亡风险。将研究总结为“压力杀人”（很多媒体报道都这么干）是不合理的。该项研究带来的启发，不应该是企图减少那些所谓的困扰，而是改变你与视为困扰的日常经历的关系。带来压力的体验，同时也是力量或意义的来源——而我们必须选择那样看待它们。

20世纪90年代的一项经典研究，提供了一个在日常压力中培养意义思维的极佳方式。斯坦福大学的一群学生，同意在寒假时写记录。有一些被要求写出他们最重要的价值观，以及日常活动与这些价值观的联系。另一些被要求写出发生在他们身上的好事。为期三周的寒假结束，研究人员收集了学生的记录并做访谈。那些写出价值观的学生更健康，精神状态更好。寒假期间，他们较少生病，其他健康问题也较少。返校后，他们对自己应对困难的能力也更为自信。写出价值观，对那些在寒假时经受了最大压力的学生，有最为积极的影响。

研究人员分析了2000多页学生写的记录，试图搞明白写作任务为何如此有帮助。他们的结论是：关于价值观的写作，帮学生看到了生活的意义。压力体验不再仅仅是必须承受的困扰，它们成为学生价值观的表达。开车带年幼的兄妹，反映了学生多么重视家庭。申请做实习生，是迈向未来目标的一小步。对于那些被要求在日常活动中发现最深刻价值的学生来说，可能挺烦人的小事，变成了有意义的时刻。

自这项研究之后，好几十项类似研究接踵而来。它们表明，写下你的价值观，是曾经研究过的最有效的心理学干预之一。短期来说，写下个人价值观，让人感觉更有力量，有掌控感、自豪和强大。同时让人感受到更多的爱、与他人的联结和同理心。它提升痛苦承受力，增强自我掌控，减少压力体验后的无益反思。

长期来讲，写出价值观会提升学业成绩，减少看医生，改善心理健康，有助于所有事情，从减肥到戒烟，到解决酗酒问题。它帮助人们在面对歧视时执着坚定，减少无力感。很多时候，一次思维干预，就可以带来这些益处。花10分钟写下价值观的人，几个月，甚至几年都会受益。

为什么一个小小的思维干预这么强大？斯坦福大学心理学家杰弗里·科恩和大卫·谢尔曼花了15年，对该思维干预做了有价值的研究。他们得出结论，书写价值观的魔力在于它转变了你对压力体验的思考，以及应对它们的能力。当人们与自己的价值观联结，他们更倾向认为能够通过自身努力和他人支持来改善处境。他们也倾向认为正在经历的困难是暂时的，问题不是不能改变，也不会因此搞砸自己的人生。

随着时间流逝，这个新的思维会自我生长，人们开始视自己为能克服困难的人。科恩和谢尔曼把这叫“个人富足的叙事疗法”。换句话说，当你思考自我价值时，你给自己讲的关于压力的故事改变了。

你认为自己很强大，能够在逆境中成长。你变得更欢迎，而不是逃避挑战。你更能从困难情境里发现意义。

随着很多有效思维干预的进行，人们通常会彻底忘掉激发了积极改变的实验。但是益处会一直持续，因为人们给自己讲的关于压力的故事改变了。持续的好处不是很久前进行的10分钟书写带来的直接结果，而是它引发的思维转变的产物。

## 重新思考压力：你的价值观是什么？

下面的价值观清单并没穷尽，它是用来帮你思考自己的。清单上的哪些价值观对你最重要？选三个最重要的，如果灵光闪现，你脑海里出现了清单上没有的价值观，尽管写下来。

| | | |
|---|---|---|
| 接纳 | 公平 | 爱 |
| 负责 | 信念/信仰 | 忠诚 |
| 冒险 | 家庭 | 专注力 |
| 艺术或音乐 | 自由 | 自然 |
| 体育 | 友谊 | 开放 |
| 庆祝 | 有趣 | 耐心 |
| 挑战 | 慷慨 | 和平/非暴力 |
| 合作 | 感恩 | 个人成长 |
| 承诺 | 幸福 | 宠物/动物 |
| 社区 | 努力工作 | 政治 |

| | | |
|---|---|---|
| 同情 | 和谐 | 积极影响 |
| 能力 | 健康 | 实用性 |
| 协作 | 助人 | 解决问题 |
| 勇气 | 诚实 | 可靠 |
| 创造力 | 荣誉 | 足智多谋 |
| 好奇心 | 幽默 | 自我同情 |
| 纪律 | 独立 | 自力更生 |
| 发现 | 革新 | 简单/节约 |
| 效率 | 正直 | 优势 |
| 热情 | 互相依赖 | 传统 |
| 平等 | 欢乐 | 信任 |
| 伦理 | 领导能力 | 意愿 |
| 优秀 | 终身学习 | 智慧 |

当你挑出了自己的三个有意义的价值观，选择一个，书写10分钟。描述为何这个价值观对你如此重要。你也可以写写在日常生活中如何体现这个价值观，包括今天你做了什么。如果你正面临一个艰难的决定，你可以写写该价值观可能会如何引导你。

这10分钟能够改变你和压力的关系，尽管你并没写任何有关当前的压力的东西。你可以再找时间坐下来，重复这个练习，完成另外两个价值观。或者当你感到压力透顶时，重新做这个练习。

学生们有时会告诉我选一个价值观做练习有些挣扎——要么不知道如何辨识自己的价值观，要么没法聚焦到一个上面。这个练习，你只需要表达，当下而言，感觉什么重要或对你有意义。它可以是一种态度、一个个人优势、重点，甚至是你在乎的一个团体。它可以是你想在生命中体验的，或者是你想与他人分享的。它还可以是做生命重要决定时你秉持的一个原则。

在这个练习中，你是不是“擅长”某个价值观并不重要，或者别人能否理解为什么它对你很重要也没关系。价值观可以是自然而然来的，也可以是你想自己发展的。比如说，我的一个学生最初没觉得这个练习有启发性，因为她选了能力——一个别人认为她有，而她自己没有情感联结的东西。当我提醒说可以选期望的事情时，她意识到自己想培养更多的赞同，虽然这对她相当困难。

## 记着你的价值观能转化压力

有时候，身处压力环境中，你得转换思维。研究表明，在压力时刻反思你的价值观能帮你更好地应对它。举例来说，在安大略滑铁卢大学做的一项研究中，参与者每人拿到一个手环，上面写着“牢记你的价值观”。斯坦福大学做了这个研究的另一个版本，给每个参与者一个钥匙链，他们可以将个人价值观写在纸上，塞进钥匙链里。感受到压力时，他们可以看看手环或钥匙链，在那个时刻，思考一下自己最重要的价值观。这项指导可以帮助人们应对逆境，甚至比一次性的书写练习还好。

在我的“压力新科学”课上，我给每个学生一个手环，提醒自己的价值观。一个叫米丽恩的学生写信给我，讲述手环是如何帮她应付困难情况的。她的丈夫乔有阿尔茨海默病的征兆，虽然诊断很慎重，乔的神经科医生还是怀疑阿尔茨海默病是他记忆力衰退的背后元凶。乔曾经是公司高管，意识能力越来越下降的征兆给他和米丽恩拉响了警报。他们原本期望一起慢慢变老，但那幅温馨画面越来越像海市蜃楼。

米丽恩和乔一起做了价值观练习。她选择耐心作为自己最重要的价值观，乔选了幽默感和诚实。米丽恩告诉我说，接下来的一周，她多次记起和践行了价值观。她同样目睹了乔也在练习价值观，这也赋予了她力量。当乔丢了手机，而米丽恩在冰箱里发现它的时候，乔承认不记得把手机放那儿了，甚至拿这事开玩笑。这点亮了他们两人的压力时刻。

对米丽恩和乔来说，避免压力是不可能的，否认它也毫无助益。他们做不了太多来控制身处的境遇，而选择价值观是主宰体验的一个途径。当无法控制或消除压力的时候，你依然可以选择如何应对。牢记价值观能转化压力，将其从违背你意愿、超出你掌控的东西，变成邀请你敬畏、唤起你注意的信号。

考虑一下，创造一个实物，作为自己最重要价值观的提醒。可能不是手环或钥匙链，而是贴在电脑屏幕上的即时贴，或者手机贴纸。然后，当压力来袭，记起价值观，问问自己在这个时刻，它能如何引导你。

## 你和在乎的人如何谈论压力至关重要

两个医生相对而坐。一个说：“给我讲讲你的经历，面对特别难过的病人的场景。”然后他安静倾听，而对面的遗传科医生，开始讲述她的故事。她当时在告知一位年约40岁的妇女，其16岁的儿子得了马凡氏综合征。该病是罕见的基因紊乱，会导致骨骼非正常发育。得这种病的人，四肢、手指、脚趾会变得很长，心脏也会衰弱。2年前，这个妇女的老公，因为马凡氏综合征死于动脉破裂。医生不得不向她解释，她的儿子遗传了曾经杀死她老公的基因缺陷。

当医生讲完这段经历，倾听者温和地问：“那个经历为何如此难忘或者如此有意义？”然后又问：“你运用了什么个人优势，帮你应对当时的痛苦？”

这些医生正在参与罗切斯特大学医学院和牙医学院开发的一个项目，该项目用来降低医疗工作者的职业倦怠。两个医生设计了这个项目，一个是米克·克拉斯纳，一个是罗纳德·爱普斯坦，他们意识到医务工作者需要处理工作上的压力。许多医务人员都被训练关掉自己对疾病、痛苦和死亡的情感反应，以保护自己免受折磨。他们视病人为物体或者一个程序，而不是人。

初期看起来这像是降低压力的好途径，结果却有沉重的代价。对于医务人员，想从工作中找到意义，需要他们思考陪伴承受痛苦的人，尽全力消除其苦痛是至高的荣耀。企图防卫围绕身边的痛苦，恰恰提高了透支的风险，因为这剥夺了意义的重要来源。不光医务工作者，法律人士、社工、教育从业者、父母、护理员、神职人员，都有这个问题。这些角色可能很辛苦，但同时也是个人意义的丰富来源。试图创造心理盾牌抵抗压力，会影响寻找目的和满足感的能力。

克拉斯纳和爱普斯坦提出了一个有些激进的策略，以提高医生的抗挫力：教他们全情投入，即使在很困难的时刻。拥抱痛苦和意义的关系，而不是与之对抗。最重要的是，建立医生社区，大家可以互相分享，支持创造意义的思维模式。

每周一次，一小群医生见面2个小时。开始先做一个正念练习，比如感受呼吸和身体的知觉。不像许多人想的那样，正念不是关于放松或者逃避当天压力的。相反，它是关注和接纳当下任何想法、感觉和情绪的能力。如果觉得悲伤，就注意悲伤在身体里是什么感觉。不要试图推开它，或者用快乐的想法替代。生理压力反应的其中一个影响是让你对体验更开放，你感受到更多，注意力得到拓展，你对别人和环境更敏感。提升的开放性是有益的，但也可能让人受不了。许多人，当面对别人的痛苦，体验到这种开放性的时候，会想要关掉它。

所以他们转移注意力，或者保持疏离，或者买醉逃避。正念练习是训练你对所感所觉保持开放，而不是关掉它。

正念练习之后，医生们讲故事。每次聚会，提供一个主题。某一周，他们谈论照顾濒死病人的时刻。下一周，他们分享改变自己对病人看法的那些惊奇际遇。再一周，主题是失误、埋怨和宽恕。讲故事邀请大家反思医疗实践，并且从中发现意义。

开始时，医生们花几分钟自我准备，就自己要分享的故事，写下一些想法。然后他们配对，或组成小组。他们轮流讲故事，听者有两个任务。第一，真正地倾听——让自己听、感觉和理解别人的经历——同时注意这个故事如何影响了自己：听故事时他们的感受，下了什么判断，哪些情绪浮现出来。第二个任务是帮助讲述者找到经历中的意义。听者是通过问问题，而不是给建议来完成这一步。“为什么那很难忘？在那种情况下，你做了什么有助的事情？你学到了什么？”

他们还被鼓励把在团体中开发出来的倾听技巧，运用到医疗实践中去。不匆忙，或者自我封闭，而是允许自己真正地聆听和感受病人或家属的说法。与病人及家属目光交流，给予完全的关注。不打断，除非是问有助于了解病人感受的问题。如同在讲故事练习中与搭档共同学习一样，在工作中的压力瞬间，医生们练习开放，而不是竖起盾牌。

首批完成该项目的70位初级护理医生，开始2个月每周见一次，后来的10个月每月见一次。项目结束时，他们报告说极大降低了职业倦怠。他们较少被工作榨干情感，早晨也不再担心起床去面对又一天的工作。他们从工作中找到了更多满足感，不总像以前那样，说后悔进了医疗行业。医生们面对压力时也不再感到孤单。就像一位医生说的："感觉自己不再孤单，我们感受的、经历到的，都很正常。"

这对医生心理健康的提升十分显著。干预前，他们填过一个抑郁和焦虑的调查表。在典型的成年人中，男性的平均分是15，女性的平均分为20。医生们开始的平均分是33，第8周项目结束后，这个分数降到了15。到一年期的项目结束时，分数降至11——这是心理幸福感的极大转变，尽管并没有改变他们工作的紧张本质。

同时，医生对病人的同理心也有所提高。他们描述说面对罹患疑难杂症的病人，他们感觉到好奇，而不是厌恶。花时间在承受痛苦的患者身上，他们感觉恩慈，而不是被拖垮。

对痛苦——他们工作不可分割的一部分——保持开放，使得医生们重新与意义联结。这个策略，对以往压力管理是种挑战。不是试图减少压力，而是拥抱它。当压力是带来意义的事物的一部分，那抵制它并不会消除压力。相反，花时间全情投入，从压力中找到意义，则能够将其转化。它不再耗竭你，而是带来滋养。

这个方法曾经帮助我处理过职场角色中的压力，我觉得最有意义的角色——教师。有一个很明显的例子——使我裹足不前，但最后对我将自己视为人师发挥了重要作用的经历。2006年，我开始接手组织斯坦福大学的心理学入门课程。这是一门大课，有好几百名学生注册，使用10多位教学助理，从许多学院邀请演讲嘉宾。到了秋季学期，我觉得课程走上了轨道。但2007年1月，我收到了本科学生宿舍教学总监的一封邮件。他通知我说，我的一名学生在寒假时去世了。该学生曾上过秋季班，没有通过考试。

总监没说学生是怎么死的，但我的心慢慢下沉。Google了名字后，我发现了关于这个学生的两条信息。第一条是去年夏天当地的新闻报道，他作为学生代表致辞，说自己的目标是学医。第二条信息就是关于他寒假的去世。就在圣诞前夕，在家里的浴室，他浑身浇满汽油，点火自焚了。网上传言说他在斯坦福大学的第一学期，没有期望的那样好，耻辱令其自杀。

我脑子里立刻就想，我本可以做得不同。我查了每一封与他的往来邮件，其实也没几封。接近学期末他请了假，我答应他可以在家参加期末考试。但是忙于期末各种考试和评级，他没利用我给的选择，我也没有跟踪。理性来说我知道，没有完成心理学入门课程可能不是这个学生命运的转折点，他可能受困于抑郁或其他心理疾病。但不管他死于何种原因，我都忍不住会觉得自己对待学生的学业困境太傲慢了。花在完善演讲上的精力，应该更多花在与更多学生联结上。如果我坚持沟通，就有机会告诉他很多学习有困难的新生，最后都骄傲地毕业了。他或许能完成那门课。那会有所不同吗？可能会，也可能不会。

斯坦福大学不让把学生自杀这样的事公之于众，我只告诉了一个信得过的同事和一个已经是教学助理的研究生。虽然我没有谈论过这个经历，遗憾始终伴随着我——同时也是我的耻辱。直到几年之后，和已经成为好朋友的一名同事分享这个故事时，我才意识到，这个经历从根本上修正了我的教学方法。那个学生死后，我很投入地支持有困难的学生。我把帮助学生明白一次学习失败不能限制他们的未来或定义他们的能力，作为自己的人生使命。（我记得告诉过好几个新生，斯坦福大学有一个我最喜欢的学生。尽管成绩单上到处是C-，大学头2年学习很差，最后他依然进了医学院。他的推荐信里——包括我写的——谈的都是他的毅力和成长。）在谈论成绩和作业之前，我首先把学生当成人看待。我试着把这个理念传递给我训练的教学助理，并且将其视为该课所有教学原则的基础。

令我自己吃惊的是，在最近一次关于“找到教育的意义”的研究会上，我还给学院同事分享了这个故事。当回忆教学生涯里最有意义的经历时，它首先出现在脑海里。尽管事实上，我希望能改变历史，阻止其发生。

罗切斯特大学给医生们搞的项目告诉了我们，花时间对话十分重要。我们如何谈论压力，也很关键。在多数工作场合、家里、其他团体里，讨论压力的方式，关系到我们的幸福。我们可能抱怨压力，意淫着没有压力的快乐生活。或者以各种途径释放压力，而不是思考从中学习到什么。有时候，我们选择默默承受，避免诚实讨论带来的伤害。希望从现在开始，你能注意到如何讨论压力，是练习思维正念的一种途径。思考一下，在何时何地，你有机会坦诚讨论面临的挑战，尤其在于你有意义的角色和关系中。

我的学生帕特里夏，受课程激励，和自己的女儿朱莉进行了一次关于压力的对话。朱莉和丈夫斯蒂芬养育着一个1岁的孩子——其生母无家可归，毒品上瘾，无力抚养孩子。他们把孩子从医院带回家，想要领养。过去这一年，他们都在等待孩子的生母放弃抚养权。等待期间，孩子的生母及孩子的祖父母频繁来访，朱莉和丈夫往返于家和法庭之间，还要跟社工见面。朱莉和斯蒂芬感觉就像是孩子的父母，但不知道最终是否能够领养成功。

朱莉受不了了，考虑找医生开药治疗抑郁，感觉自己被彻底打倒，开始失去希望。帕特里夏认为朱莉很坚强，有能力应付这类烦人的流程。她决定和朱莉谈谈压力思维模式，尤其是朱莉应对挑战的想法。

两人一起讨论了这个过程对朱莉和丈夫多么重要。她们回顾了想成为养父母的原因，以及为了孩子着想，有人必须挺身而出，愿意经受这个难挨的过程。她们还讨论了为什么朱莉和斯蒂芬对这个孩子情有独钟。帕特里夏和朱莉一起，把这一年的压力，放到更久远的时间长河里加以思考。

虽然朱莉和斯蒂芬无法掌控结果，但两人知道，他们宁愿坚守，而不是放弃。于是两人开始采取能控制的行动，比如加入养父母支持团体，满足所有必要的要求，以保证领养符合程序。帕特里夏和朱莉的对话，以及它激发的积极改变，给了朱莉很大帮助，以至于她觉得没必要服用抗抑郁药。我真的希望能以打着漂亮蝴蝶结的领养文件来结束这个故事。但在我写这段的时候，过程——既痛苦又有意义——还在继续。

你和在乎的人如何讨论压力，至关重要。我们了解自己能做什么的方式之一，就是通过别人的眼睛去看。你可以帮别人看到他们自身的优势，提醒他们困难的意义。

## 逃避压力的代价

当审视日常生活，我们可能会想到某个压力巨大的日子，然后说："哇，我可不喜欢那一天。"而身处其中时，你或许会期望压力小一些就好了。但如果你以更广阔的视角看待生命，剥离掉每个有压力的日子，你发现剩下的并不是理想的生活。相反，你会发现同时剥离掉了那些助你成长的经历，你最自豪的挑战，以及使你成为你的那些关系。你或许远离了不适，但同样会抹去某些意义。

当然，期望无压力的生活，不是不正常。然而，追求这个愿望，会付出沉重代价。事实上，伴随压力而来的很多负面结果，实际都是企图逃避它的产物。心理学家发现，企图逃避压力，会极大降低幸福感、生活满意度和快乐。逃避压力还会带来孤独。针对日本同志社大学学生的一项研究表明，随着时间流逝，逃避压力的想法，能够引起联结感和归属感的下降。有这样的目标，甚至会拖垮你。比如说，苏黎世大学的研究人员询问学生的目标，然后对他们做了为期1个月的跟踪。贯穿两个典型的压力段——期末考试和寒假——那些最想逃避压力的学生，注意力、身体活力和自控力下降最多。

位于加利福尼亚州帕洛阿尔托的美国退役军人办公室，曾经做过一次令人印象深刻的研究，跟踪1000多名成年人达10年之久。研究之初，工作人员问参与者是如何应对压力的。那些说试图逃避压力的人，在接下来的10年内，更容易变抑郁。他们在职场和家里，经历了更多冲突，得到了更多负面结果，比如被炒鱿鱼或者离婚。重要的是，逃避压力比研究开始时出现的任何征兆和困难都更好地预测了抑郁、冲突和负面事件的增多。参与者无论起点怎样，接下来的10年，逃避压力的倾向都会让事情变得更糟。

心理学家把这个恶性循环叫作压力繁殖。它是企图逃避压力的讽刺性后果：耗费掉应该支持你的资源的同时，你创造了更多压力源。当压力不断累积，你渐渐无力招架、离群索居，因此更容易依赖逃避性策略，比如企图扫清压力情境，或者以自毁行为转移注意力。越坚定地逃避压力，越容易陷进向下的螺旋。如同心理学者理查德·瑞恩、韦罗妮卡·胡塔和爱德华·德西在《探索幸福》中写到的一样：“越想得到最多愉悦感和逃避痛苦的人，越可能失去生命的深度、意义和人心。”

## 重新思考压力：逃避压力的代价是什么？

虽然逃避压力看起来是个理性策略，但它总是适得其反。拥抱压力的好处之一，就是你能发现优势，去追求目标，承受艰难而有意义的体验。下面的思维练习会帮你认识到企图逃避生活压力的代价。花几分钟写下你的答案，如果这些问题与你的经历相关。

1.错失的机会：由于你认为压力（或可能会）太大，生活中拒绝或错失了什么事情、经历、活动、角色，或其他机会？

· 你的生命因为这些选择更加丰盛，还是更加狭隘了？

· 错失这些机会让你付出了什么代价？

2.逃避方式：当你想逃离、摆脱或漠视生活压力的时候，你会求助于什么行为、替代品或别的逃避途径？

· 这些应对方式更好地使用你的时间、能量和生命了吗？它们增强了意义或助你成长了没有？

· 这样的应对方式，是不是自毁行为？

3.限制未来：如果不害怕未来会有压力，你想做、体验、接纳或改变什么？

· 通过追求这些机会，你的生命会丰富成什么样子？

· 不允许自己追求，付出的代价是什么？

## 最后的想法

当心理学家艾丽娅·克拉姆——那个将宾馆清洁员转化成健身者，试着改变人们对压力想法的铁人三项选手——谈论自己的工作时，分享了一个她学生时代的故事。一天，她在耶鲁大学心理系的地下室独自一人工作到很晚，迷失在自我怀疑中，开始忧虑手中的研究项目，担心能否最终完成。

咚咚，响起了敲门声，心理系负责IT的同事打开门，向内张望。没等克拉姆开口，IT同事评论说："珠穆朗玛峰山腰，又一个寒冷、黑暗的夜晚啊。"然后他关上门，转身离开。

2周之后，克拉姆躺在床上，无法入眠，同事的话在脑海中回放出来。"如果在爬珠穆朗玛峰，你能够想象那一定很寒冷，要经历一些黑暗的夜晚，你疲惫不堪。"克拉姆想，"你相当可怜。但是，你期望怎么样呢？你是在爬珠穆朗玛峰欸！"在生命的那个时段，完成毕业论文就是她的珠穆朗玛峰。她不确定是否会成功，但那个挑战非常重要，值得苦熬几个寒冷、黑暗的夜晚。

每个人都有一座珠穆朗玛峰，或是你自己选择攀爬的，或是环境所迫，总之，你身处重要旅程当中。你能想象吗，登山者一边爬着洛子峰，一边说"这好难啊"或者在山峰"死亡区域"度过首晚时想"我不要这个压力"。登山者知道压力的来龙去脉，这对他有意义，是他的选择。如果你忘记了压力背后展现的意义，很容易觉得自己是它的受害者。“不过是珠穆朗玛峰山腰一个寒冷、黑暗的夜晚。”这是记起压力悖论的方式之一。生命中最有意义的那些挑战，往往伴随着暗夜而来。

企图逃避压力的最大问题是，它改变了我们看待生命和自我的观点。任何导致压力的事情，都被视为问题。如果工作有压力，你会觉得工作出事了。婚姻有压力，你会认为关系出问题了。如果身为父母有压力，你会觉得孩子出问题了。如果试图有所改变带来了压力，你会觉得目标出问题了。

当你认为生活应该少些压力，压力看起来就是能力不足的标志：如果足够强大、足够聪明、足够好，那就不会压力这么大了。压力成了个人失败的标签，而不是生而为人的证据。这样的思考方式，部分解释了为什么视压力有害提高了抑郁风险。武装着这样的思维模式，你更容易感觉无望，更容易被打倒。

选择看到压力和意义的联系，能够将你从生活出问题了或者你没能力应付挑战这样的抱怨思维中解放出来。即使并不是每个令人沮丧的时刻都有目的，从生命更广阔的层面来看，压力和意义形影不离。秉持这样的观点，压力不会变小，但会变得更有意义。

## 第一部分回顾

花几分钟思考下面的问题，考虑和别人分享你的想法。

1.从拿起本书开始，你对压力的理解改变了吗？

2.关于拥抱压力的想法，你有什么困扰的问题或担心？

3.第一部分的哪个观点、研究或故事令你印象深刻，与你个人最相关、值得在自己的生命中进一步探索？

THE UPSIDE OF STRESS

WHY STRESS IS GOOD FOR YOU,
AND HOW TO GET GOOD AT IT

第二部分

# 转化压力

## 擅长压力意味着什么

1975年，芝加哥大学心理学家萨尔瓦多·麦迪对伊利诺斯贝尔电话公司的员工，展开了压力的长期影响方面的研究。这本来只是个简单的纵向研究，但1981年，一场巨变袭击了贝尔公司。国会通过了通信行业竞争与解除管制条例，整个行业都被颠覆。1年之内，贝尔公司裁掉了一半员工，留下来的也是人心惶惶，职位发生变化，面对公司更高要求。麦迪回忆道："一名经理告诉我，1年之内换了10个不同的主管，无论他自己还是那些主管，都不知道该干什么。"

重压之下，一些员工崩溃了，出现健康问题和抑郁症。而其他员工却在压力中奋起，找到了新目标，增强了幸福感。由于麦迪研究这些员工好几年了，他手里有现成的心理测评、性格分析、面谈记录以及其他个人信息。他和同事开始在档案中寻找能预测员工如何应对压力的线索。

在压力下成长的员工，有几个方面很明显。首先，看待压力的想法不同。他们将其视为生活正常的一面，不认为有或者根本没期望过完全舒服和安全的日子。相反，他们认为压力是成长的机会。他们更愿意承认压力，不太把每个小挣扎视为会导致更糟局面的大灾难。他们相信困难时刻更该投入地生活，而不是放弃或自我孤立。最后，他们还相信，无论环境怎样，必须持续做选择——改变状况，或者如果状况不能改变，就改变状况对自身的影响。秉持这种态度的人，压力下更愿意采取行动并与人联结。他们不太会充满敌意，或自我防御。他们还在身体、情绪、精神方面更好地照顾自己，保存能量，支撑自己应对生活的挑战。

麦迪把这种态度和应对策略组合称为“顽强”，他将其定义为压力下成长的勇气。

针对贝尔电话公司员工的那项研究之后，顽强的益处在无数的场合下都被提到，包括在军队服役、移民、身处贫困、与癌症斗争、抚养自闭症孩子，以及职业领域，从执法、医药，到科技、教育和体育。

在极端情况下，处理比20世纪80年代贝尔电话公司面对的经济重创还要严重的危机时，顽强的益处也是显而易见。特丽萨·贝当古是哈佛大学公共卫生学院的儿童健康与人权方向教授，她于2002年首次前往塞拉利昂。在那里，她与作为童兵、被迫卷入战争的男孩女孩一起工作。有些孩子被用作人体盾牌和性奴，有些被迫杀死家人或者实施强奸。“当想到童兵时，人们会认为他们被悲惨地摧毁了。”贝当古说道，“但我看到的恰恰相反：太多逆境反弹的故事了！”之前的童兵返回学校，梦想成为医生、记者和老师。公共事务官员组织清理仪式，帮社区公开宽恕这些孩子，肯定他们的良好品性。家庭与社区携手，治愈伤痛，勇敢前行。

自那以后，贝当古在许多地区做过战地研究，种族屠杀、战争、贫穷、腐败、艾滋病摧毁了当地社区。创伤的后果蔓延，包括耻辱、内疚、羞愧、抑郁、悲惨记忆和攻击。然而，她同样在经受了难以想象的恐惧幸存者身上，目睹了力量、智慧和希望。这些抗挫的种子，与苦难共生。

在贝当古的一个战地研究中，她请卢旺达地区的家庭来描述当地人都做哪些事情，以避免绝望、担心、沮丧和深深的悲伤。这样的访谈浮现出几个主题。那些抗压力强的人有颗大心脏，面对挑战时自信而有勇气。他们还相信未来，相信他人。他们不会丧失希望，从问题中寻找意义。抗挫性不仅仅是个人特质，同样可以看作是社会过程。有的社区抗挫性更强，因为在困境中，人们走到一起，相互支持。

勇于在压力下成长，是普世的，不仅仅局限于卢旺达。坚持的韧性、与人联结的本能、困境中找寻希望和意义的本领，这些都是人类基本的能力。它们会在困难中体现，无论你是谁，或者在何处。

自从萨尔瓦多·麦迪首次描述了“顽强”一词，心理学家前赴后继复制了许多词组来描述何为擅长压力：坚韧、积极、创伤后成长、转变并坚持、拥有成长思维。我们同时学会很多方式，来培养这些态度。但是麦迪对何为“擅长压力”的定义——在压力下成长的勇气——始终是我最喜欢的，关于抗挫折的描述。它提醒我们无法永远掌控压力，但是可以选择与它的关系。它承认了拥抱压力是勇敢的行为，要求我们选择意义，而不是逃避不适。

这就是擅长压力的意识。它不是说不受困难影响或者在问题面前保持淡定，而是允许压力唤醒勇气，联结和成长这些人类核心本能。无论在工作过度的高管身上，还是战争摧残的社区里，抗挫折都是这样的。擅长压力的人，允许自己被压力体验改变，对自己保持基本的信任，与比自己更大的社群联结。他们还寻找方式，让痛苦变得有意义。擅长压力不是逃避它，而是在压力转化你的过程中，扮演更积极的角色。

本书接下来的部分，会帮你发展这些品质。我们还会继续看压力的益处，讲述压力使你更投入、联结和成长的科学研究。但更重要的是，我们会学习如何擅长压力。我们将探索如何运用压力能量，如何让压力成为慈悲的催化剂，如何在最困难的经历中发现好处。如果能做到这些，你就能将压力从试图逃避的东西，转化为可以驾驭的事物。

第四章

# 全身心投入：拥抱焦虑能帮助你更好地应对挑战

想象一下，你在一家有几百人的公司工作，要做一次全员报告，首席执行官和全体董事会成员都位列听众席。你已经焦虑一周，现在小心脏怦怦直跳，手心出汗，嘴唇发干。

这时候，你最该做什么：试图平静下来，还是兴奋一些？

哈佛商学院教授艾莉森·伍德·布鲁克斯就这个问题问过好几百人，答案几乎是一致的：91%的人认为，最好的建议是试着平静下来。

你或许曾经告诉过自己或他人，在压力情境下，如果不平静下来，就会搞砸。多数人都这么认为，可这是对的吗？面临压力，最好的策略是放松吗？或者，拥抱焦虑会不会更好？

布鲁克斯设计了一个实验，来寻找答案。她告诉一些要演讲的人放松，通过对自己说“我很冷静”来舒缓紧张。而鼓励另一些人拥抱焦虑，对自己说“我很兴奋”。

哪个策略都没消除焦虑。演讲前，两组人还是紧张。然而，对自己说“我很兴奋”那些人，感觉更能处理压力。虽然还是紧张，他们自信有能力做好演讲。

感到自信是一回事，但是他们实际做到了吗？是的。演讲听众评价说那些兴奋的演讲者，比试图冷静下来的发言人，更有说服力，更自信，更有竞争力。经由思维的一次改变，他们把焦虑转化成助其更好表现的能量。

尽管多数人认为，压力下最好的策略是放松，这章会告诉你，何时以及为什么，相反的是正确的。无论是面临人生最重要考试的学生，还是面对生涯里最残酷竞争的职业运动员，欢迎压力都会强化自信，提升表现。我们会看看拥抱焦虑怎么样帮你在挑战面前奋起，甚至把典型的害怕反应转化为勇气。我们还将探索将恐惧化为机会，无助化为行动的策略。即使在那些你不知道做什么、怎么做的情况下，拥抱压力也能帮你找到前行的勇气。这章是应对无力或透支的良药。停止抗拒，压力就能提供动力。这章里面的技巧将告诉你怎么去做。

## 转化压力：变紧张为兴奋

走进罗切斯特大学心理学教授杰里米·贾米森的办公室，映入眼帘的是一幅占满整面墙壁的美国地图。地图上标注着全美所有的酿酒厂，包括那些默默无名的小厂。作为啤酒鉴定家，贾米森说他作为教授的部分使命是去激发学生，从啤酒花开始，酿造出更美好的人生。

贾米森在科尔比学院——缅因州一所小而自由的艺术学校——读书时踢足球。作为校运动员，有件事让他感到好奇。他的队友将赛前紧张描述为“动力”和“兴奋”。他们甚至故意提高肾上腺素，知道这会提升表现。可是当队友讨论考试前同样的肾上腺素上升时，他们用的语言完全不同。这会儿是“紧张”“焦虑”和“压得喘不过气”。

贾米森想：这实际上不是一回事吗？两种情境下，压力都是给队友提供表现的能量。为什么在赛场上他们认为压力有益，而考试前就会拖垮自己呢？

带着这个好奇，他读了研究生，开始做自己的研究。他怀疑人们的事前惶恐来源于对压力的负向信念。“我们一直受压力有害这样的信息轰炸。”贾米森说。但那些信念很多时候并没有反映现实，压力反应事实上帮助了我们。即使在冷静会明显有助益的情况下，兴奋也能提升压力下的表现。比如说，那些考试中肾上腺素提高的初中生、高中生和大学生，成绩要好于更冷静的同学。压力荷尔蒙上升最高的特种兵、突击队员和海军，经受残酷审讯时，给敌人提供有用信息的可能性更小。训练时，在人质劫持谈判过程中心率提高最多的军官，偶然射杀人质的概率更小。多数人相信，一定水平的肾上腺素可以提升表现，太多会削弱表现，但证据表明恰恰相反。谈到压力下的表现时，感到压力比放松更好。

贾米森直觉认为，视压力有害干扰了人们运用压力作为资源的能力。如果他能改变人们对压力影响的看法，他想，就能帮助人们在压力下更好地表现。

于是，贾米森在准备参加GRE的大学生身上开始实验他的理论。他邀请学生们进入教室参加模拟考试。考试前，他收集了学生的唾液样本，以获取压力反应的基本测量数据。他告诉学生说研究目标是检测生理压力反应会如何影响成绩。然后，贾米森给一半的学生做了简短的动员，帮他们重新看待考前紧张。

> 人们认为参加标准化考试之前感觉紧张会令其表现糟糕。然而，最新的研究表明压力不会影响考试成绩，反而会有所帮助。考试时紧张的人，实际结果可能更好。这意味着，如果今天考试你感到紧张，大可不必担心。紧张的时候，你只需要提醒自己，压力会帮你更好地表现。

贾米森希望这种信息会提升学生的成绩。它奏效了！接受过思维干预的学生，在模拟考试里，成绩要高于控制组的学生。重要的是，没有理由认为成绩的差异是由学习能力造成的。学生是否接受思维干预，是随机分配的。两组学生的GPA（平均学习成绩）没有差别。相反，看上去是拥抱焦虑帮助学生表现出了最高水平。

然而，对于接受过鼓励谈话的学生获得高分，还有另一种可能的解释。那就是贾米森关于焦虑的说法极大地安抚了学生。会不会信息没有帮他们利用压力，只是使其平静下来了呢？为了测试这个可能性，考试之后，贾米森又收集了学生的唾液样本。如果干预措施使学生平静了，那他们的压力荷尔蒙应该比考试前更低。如果，恰恰相反，干预措施帮他们利用了紧张，压力荷尔蒙应该高，或者比考试之前要高。

证据一分为二。接受过干预的小组，表现出更高，而不是更低的唾液淀粉酶，它用以衡量压力产生的刺激。信息没有让学生们从生理层面平静下来，实际上，他们更紧张了。但最有趣的是压力和成绩的关系。更强的压力反应伴随着更高的考试分数——但仅仅适用于接受过思维干预的学生。该信息帮助学生利用了压力的好处，推动了更好的表现。相对比，在控制组里，压力荷尔蒙与成绩没有关系。压力反应是有助还是有害，从任何角度都无法预测。

思维干预，以改变对成绩的实际影响的方式，改变了学生生理反应的意义。这是选择看待压力的益处带来的结果。

接下来的3个月，学生们参加了真正的GRE考试，并把分数发送给了贾米森的研究小组。学生们也回答了考试过程中他们的感觉怎样等问题。真实的考试成绩比模拟考试更有说服力。压力更大时，会发生什么？

几个月前接受过贾米森思维干预的学生的考试体验和控制组的学生完全不同。考试中间的紧张程度不一定低，但他们不太担心自己的焦虑。他们对自己的能力更自信，认为焦虑会对成绩有益。最重要的是，接受过干预的学生的成绩，再一次明显高于控制组的同学。这次，成绩差异比模拟考试时的差异更大。

值得花些时间思考一下这些发现。参加真正的GRE考试的几个月前，模拟考试上的几句话，对学生们的职业生涯道路，有令人信服的影响。这正是思维干预使人兴奋之处。如果有效，它们不仅仅是一时的安慰剂效果，而是会持续。贾米森在考试当天没有出现提醒学生要拥抱焦虑，他不需要。他传递的信息既真实，又有效，某种程度上，学生们已经内化为己有。

思维干预不仅仅只是持续，它们还有滚雪球效应。每次这些学生尽管紧张——或是因为紧张——但表现良好，他们就学会了在压力下相信自己。如果拥抱焦虑改变了学生GRE的体验，它会怎样影响他们在其他考试上的表现呢？或者会怎样影响研究生面试？甚至会怎样影响他们在研究生期间，压力透顶环境下奋进的能力？

虽然GRE考试之后，贾米森没再跟踪这些学生，其他研究显示了拥抱焦虑更广泛的影响。在里斯本大学，100名学生在考试期间持续记日记。他们报告紧张程度如何，以及他们如何理解焦虑。那些视焦虑有益，而不是有害的学生，较少情绪透支。他们考试中表现更好，期末时排名更高。关键是，焦虑水平高时，思维的效果最强。积极的思维模式保护了最紧张的学生免受情绪困扰，帮他们成功实现目标。

研究人员更进一步想看看是否能改变艰难考试后学生的疲惫体验。他们告诉要参加一项困难考试的学生："如果感到有压力，或者焦虑，试着疏导或运用这些情绪带来的能量，以帮助你表现出最佳水平。"另一组学生被建议说："如果感到有压力，或者焦虑，试着专注在考试上，以帮助你表现出最佳水平。"最后一组学生被简单告知："尽全力吧。"考试之后，学生们完成一项测量，看看考试对他们的损耗水平。那些被鼓励将压力和焦虑视为能量的学生，损耗最低。

对焦虑持积极观点，同样能让你在严酷的职场避免倦怠。来自德国不来梅雅各布大学的研究人员，跟踪了处于职业中期的老师和医生1年，想看看他们对焦虑的态度如何影响职业幸福。年初，老师和医生们回答了一些问题，关于他们对焦虑的看法：他们视其为有益的，提供能量和动力，或者认为其有害？年末，认为焦虑有益的老师和医生，更少沮丧、倦怠或被工作压垮。又一次，思维的效果，对那些报告了最高水平焦虑的人最强烈。视压力为有益，经受了最强焦虑的医生和老师都得到了保护，免于崩溃。研究人员得出结论，如果人们学会将压力和焦虑视为职场的一部分，焦虑实际上会成为资源，而不是对能量的消耗。

你认为焦虑是损耗，还是能量资源呢？当紧张来袭，你将其理解为没处理好压力的信号，还是身体与大脑被激发的标志？选择视焦虑为兴奋、能量或者动力，能帮你发挥出最大潜能。

## 转化压力：变紧张为兴奋

听上去是陈词滥调了，我的许多学生报告说，当感觉紧张时告诉自己是兴奋的，这确实管用。我的学生玛丽里最近成了瑜伽教练——她梦寐以求的工作，同时也带给她很多焦虑。每次教课前，她有压力带来的所有生理反应。她总是把这些感觉贴标签为“焦虑”，认为身体的反应是个问题。“我担心会表现失常，没法教课。”她告诉我说，“有一次，开课前5分钟我取消了课程，因为我觉得自己手足无措。”

玛丽里开始试着重新思考焦虑的生理信号。“我依然有同样的感觉，但我对自己说：‘这很好，这是身体想要帮助我更好表现。’”将课前紧张转换为兴奋，帮助她将能量疏导至教学之中。不再企图控制紧张表现，她把焦点转向学生，开始更享受教学了。虽然每次上课前同样的焦虑感受还会出现，但她不再需要出于害怕而取消课程了。

重大事件之前如果你紧张，比如会议、演讲、竞赛或是考试，记着焦虑和兴奋之间，仅仅一线之隔。新奥尔良大学的研究人员曾经把心率监视器绑在资深高空跳伞者和紧张兮兮的新手身上。他们发现老手们并不比第一次跳的新手更平静。相反，经验丰富的跳伞者跳前跳后心率都更高。俯冲时越上气不接下气，他们的兴奋和愉悦反应越强烈。当需要跳跃，想要表现得好，不用担心非得强迫自己放松。相反，拥抱紧张，告诉自己你很兴奋，让自己知道正在全情投入。

## 实现梦想：把科学应用到现实

俄亥俄州凯霍加河社区大学的亚伦·阿尔图斯数学课上的学生，根本没法归类。刚刚从高中辍学的年轻单亲妈妈，紧挨着返回学校要完成学位的中年人而坐。有些学生下班后得倒三辆公交车才能来上课。许多人一生都没见过代数方程式，但全部都要通过数学考试以达到要求。他们的另一个共同点？那就是数学恐惧。

80%的社区大学生都害怕数学，而在四年制的大学里，这个比例只有25%。数学恐惧会引发恶性循环。害怕会导致学生逃避，于是他们逃课，不做作业，拖延学习。越逃避，课上表现就越不好。这会强化他们的恐惧，说服自己说根本就不擅长。数学恐惧的循环、逃避、失败，是很严重的问题，导致全国社区大学的毕业率都很低。需要补习数学的社区大学生，只有不到30%的人能通过考试，剩下的70%多都无法完成学位。

阿尔图斯是个敬业的老师，网站上关于“我的教授”的评语中，有学生对他评价说：“回邮件的速度，比我给女朋友回得还快。”他离开高中的教职前往社区大学，觉得可以帮助学生真正改变他们的生活。他从没想过会被安排教数学，和他自己的许多学生一样，他大学数学课的成绩相当糟糕。“我毫无头绪，”他告诉我说，“我喜欢数学，但学不好。这让我觉得我就不是为数学而生的。”在一家医院简短工作一段时间后，阿尔图斯决定重返校园，考取数学硕士，然后去教这门最初令自己沮丧的学科。

在凯霍加河社区大学，阿尔图斯辅导数学课的学生如何降低考试恐惧。他给建议如何做压力管理，开讲座谈良好睡眠的重要性，甚至带领大家在考前做放松练习。一切似乎都没有用。而在2012年一次教育论坛上，阿尔图斯遇到了杰里米·贾米森。那个旨在推动教学的论坛由卡内基基金会赞助，目的就是联结研究人员与教育工作者。贾米森的与直觉相反的压力思维模式干预启发了阿尔图斯，两人开始联手研究，看看拥抱压力能否帮助社区大学的学生。

作为精心设计的实验的一部分，阿尔图斯的部分学生在第二次数学考试前接受了一次压力思维干预。干预解释了压力反应是如何提升成绩的，即使感觉起来是紧张。老师鼓励他们在考试过程中，视焦虑有益，而不是有害。

截至目前，结果表明思维干预是有帮助的。学生们自发运用新的压力理念，就像某一天某个学生告诉阿尔图斯的一样："考试前，我感觉很糟，但可能我感觉到的是坚定和决心。"接受思维干预的学生，考试分数提高了，期末排名也有所上升。

这些令人振奋的结果，或许来自另外的原因。和多数老师、教练、导师一样，阿尔图斯当初强化了学生焦虑是问题这样的信念。考试前强调减压的重要性，进一步肯定了学生的担心：焦虑是表现不好的信号。

如果你想帮助别人应对焦虑，一个更有用的策略，或许就是简单告诉他说，你觉得他能搞定。研究表明，如果人们被告知"你是那种在压力下表现更好的人"，他们实际表现会提高33%。即使这种反馈只是随便说说的也无所谓。重要的是信息改变了那些焦虑信号的意义。不再意味着"你会搞砸的"，紧张是你准备好要发挥的证据。告诉紧张的人要平静下来，强化了他们觉得自己不行的信念。而相信它们能搞定压力会助其应对挑战。

对阿尔图斯来说，如果压力思维干预能帮学生通过考试，那确实可能改变他们的人生。凯霍加河社区大学是一所造梦工厂，在全国都有网络支持，帮助社区大学生完成就业。对多数学生而言，数学课是一个阻拦，实现梦想无法逾越的障碍。通过考试就是证明，表明学生的目标——学位、职业、对未来的希望是可能的。阿尔图斯看到，学生们从战胜数学上获得的信心，正迁移到其他学科，以及其他人生追求上。

阿尔图斯的学生们陷入的逃避压力怪圈，不仅仅局限在学习压力上。每种能想到的焦虑，从恐惧、慌乱、社交障碍到创伤后精神紧张，都适用。逃避紧张的期望，超过了其他目标。更糟的情况是，人们规范自己的生活力图逃避所有引发焦虑的事物。他们希望这样会更安全，但实际适得其反。逃避令其紧张的东西，只会强化害怕，提高对未来焦虑的担心。

我自己就有转化焦虑循环和逃避的经历。几年前，一直以来的恐飞症让我无法坐飞机。起初，每年我还是愿意飞几次的，去参加重要的家庭聚会。但接着，恐惧越来越强烈，甚至一想到飞行我就受不了。未来几个月后才要坐飞机，而我现在就开始恐惧，担心在飞行器上那3个小时。于是我选择不坐飞机，我以为如果知道不用飞行，恐惧就会消失。

几年后，我的决定变成自我施加的炼狱。我开始梦到一些不坐飞机无法到达的城市，醒来后因为无法前往的事实而懊恼。我担心家人会出事，而我无法乘飞机赶去。最糟糕的是什么？被恐惧囚禁的感觉没有消失。我依然被恐惧纠缠；它不过从恐惧飞行，转向了恐惧不飞带来的后果。

最后我意识到，飞与不飞，我都在付出害怕的代价。逃避飞行，没有像我希望的一样，消除焦虑。于是我做了个清醒又恐怖的决定，那就是选择害怕，但飞行。我从小而短的飞行开始。我讨厌飞行的每分钟，但很珍惜我能够做到。我去参加了以前就想去的活动，比如那些职业论坛，以及曾担心错过的场合，包括祖父的葬礼。最后，我意识到，我更想要飞行为我生活增添意义，而不是幻想通过逃避害怕的事情就可以阻止焦虑。

我希望现在可以说我爱飞行。事实是，我还是不喜欢，但已经好很多了。最重要的是，现在一个月我要飞好几次，为了工作，或者陪伴家人。多年拒绝乘飞机后，我第一次飞行是从圣弗朗西斯科到菲尼克斯的短程。打那以后，我飞遍了北美，也到过亚欧。每次乘机，我既紧张，又对自己心存感激。

## 如何把恐惧变成挑战

如同我们看到的，“压力新科学”最重要的理念之一就是，在我们的武器库里，不止有一种压力反应。需要我们在压力下有所表现的场合，比如体育竞技、公众演讲或者考试——理想的压力反应需要给我们能量，帮我们聚焦，鼓励我们行动。那就是挑战反应，它驱动我们迎难而上，调动精神与生理资源获得成功。

然而，有时候，压力会引发或战或逃反应，这种危机本能使压力臭名昭著。当人们或战或逃时，心理学家管这叫恐惧反应。恐惧不是过激反应——它是完全不同的压力反应模式，使你更自我防御，而不是取得成功。让我们比较一下两种反应方式的不同，以及为什么正确的反应能提升压力下的表现。我们还会探讨科学如何帮我们利用挑战反应，即使你感到很害怕。

首先，两类反应的生理差异很大，这会影响你即时的表现和压力的长期后果。最大的不同是心血管系统的影响。恐惧反应和挑战反应都会让你有所行动——你可以从怦怦的心跳中感受到这点。但恐惧反应期间，身体预测会有生理伤害。为了减少一场恶仗之后的流血，你的血管紧缩，身体也会产生炎症，免疫细胞活跃，为了帮你尽快痊愈。

相反，挑战反应期间，身体反应更像体育锻炼。由于你没有预测到伤害，身体感觉安全，那就会加速血液流动为你提供能量。不像压力反应，你的血管是松弛的。心脏也会剧烈跳动——不只是更快，力量也更强。每次心脏收缩，就泵出更多血液。所以，挑战反应比恐惧反应提供的能量更多。

这些心血管变化暗示了压力的长期健康结果。提高心血管疾病风险的，是恐惧反应，不是挑战反应。上火和血压增高，应对短期危机有益，但长期来看会加速衰老和导致疾病。挑战反应期间经历的心血管变化不是这样，会让你的身体处于更健康的状态。

实际上，有挑战反应倾向的人，比有恐惧反应倾向的人，更长寿，心血管和大脑更健康。有挑战反应的中老年人，比有恐惧反应的，更少得新陈代谢疾病。在弗雷明汉心脏研究中——全美设计最好、纵贯时间最长的流行病研究之一——有挑战生理反应的人，脑干容量更大。换句话说，随着年龄增长，他们的脑部萎缩更慢。

压力反应同时也影响压力下的表现。恐惧反应期间，你的情绪可能包括害怕、生气、自我怀疑或者羞愧。因为首要目标是自我保护，你对事情变坏的信号更机警。这创造了一个恶性循环，越关注错误，你越害怕和自我怀疑。相反，挑战反应期间，你感觉有些紧张，但也感觉兴奋、热情、有力和自信。首要目标不是逃避伤害，而是追寻想要的东西。你保持注意力开放，与环境互动，准备利用所有资源去工作。

科学家研究了许多重要情境下的不同压力反应，挑战反应持续预测到了良好的表现。商业谈判中，挑战反应会让人更有效地分享和保留信息，以及做出更英明的决定；有挑战反应的学生，考试分数更高；运动员的成绩更好；医生更专注，手术时肌肉更灵活；模拟飞行中面对机械失灵，驾驶员能更好地利用飞行数据，安全着陆。

只有在很少的几种情况下，恐惧反应才有帮助。重要的是，没有研究表明表现是因为没有压力反应而提高的。它是因为挑战反应的存在而有所增强。如果我们认为所有的压力反应都会阻碍成功，我们就可能依靠减少压力的策略，这会影响我们的巅峰表现。

甚至压力反应不同，你从压力体验中学到的东西也不一样。恐惧反应容易使大脑对未来的威胁更敏感。它使你更擅长甄别到威胁，对相似环境更抵触。恐惧反应后发生在大脑里的这种回路，会强化大脑辨别危险的联结，从而引发保证生存的行为。

相反，挑战反应时，大脑更容易从压力体验中学会韧性。部分原因是，你释放了更多推动韧性的荷尔蒙，包括DHEA和神经生长素。挑战反应后发生在大脑里的这种回路，强化了大脑额叶的联结，它们有助于战胜恐惧，增强积极的驱动力量。这样，事情发生后，挑战反应就对你进行了压力预防接种。

## 挑战反应是最有益的反应方式

在那些并非身处险境的时刻，想要表现良好的话，挑战反应是最有益的反应方式。它给你更多能量，提升表现，帮你从经历中学习，甚至使你更健康。虽然挑战反应最理想，但许多时候，恐惧反应却经常存在。

心理学家发现，决定压力反应的最重要因素，是你如何看待自己处理压力的能力。在很多情境下，你都会评估环境和资源。这有多难？我有能力、力量和勇气吗？这种要求和资源的评估可能不是有意识的，但是一定在头脑内悄悄进行。当你评估环境的要求和拥有的资源时，就是在迅速评估自己应对的能力。

这个评估，是决定反应方式的关键。如果你认为环境的要求超过资源，你就会有恐惧反应。但如果你相信有资源取得成功，就会有挑战反应。

大量研究表明，如果专注在资源上，人们更容易有挑战反应。最有效的策略包括了解自己的优势，思考你过去是如何准备某个挑战的，回忆过去战胜类似挑战的经历，想象来自亲友的支持，祈祷或者知道别人在为你祈祷。这些都是可以迅速将恐惧转为挑战的思维转换，下次面临压力想有所表现时，你可以尝试一下这类好方法。

然而，如同罗切斯特大学杰里米·贾米森发现的一样，人们往往忽略了一个资源——他们自己的压力反应。因为人们视压力反应有害，它就被当成了良好表现的障碍，继而变成要克服的包袱。当然，贾米森对压力反应在表现中的角色持完全不同的观点：它不是障碍，是资源。如果他能说服参与者这样看待压力反应，他是不是就可以帮助他们增加感知的资源，并改变压力反应的本质，从恐惧到挑战？

贾米森决定再做个研究，激发参与者的恐惧反应，而不会实际令其身处险境。为此，他转向了特里尔社会压力测试——人类心理学研究中最臭名昭著和有效的压力研究。

实验助理把你带到一个房间，将你介绍给桌子后面坐着的一男一女。助理说这两个人是沟通与行为分析专家，你将做一个关于自我优势和缺点的介绍，他们对你进行评估。专家除了评价你发言的内容，还会评估你的肢体语言、嗓音、仪态，以及其他非语言行为。“你要好好表现，这很重要。”助理告诉你，“请尽力。”

你只有3分钟来准备发言，不允许做笔记，所以你有点儿紧张。

房子中间有个麦克风，助理要求你站在麦克风前面做介绍。她把摄像机指给你看，然后开始录像。

你笑了笑，和专家打招呼。他们点点头，但没报以笑容。“开始吧。”其中一个人说。当你磕磕绊绊发言时，注意到了一些令你沮丧的信号。一个评估者皱着眉，双臂交叉盯着你。那个女专家失望地摇着头，在笔记本上乱涂着什么。你试着提高热情，努力和评估者做目光接触。那个女人看着手表，摇头叹息。等等，那个男人刚刚还翻了白眼儿？

这就是特里尔社会压力测试的开场部分，或者是社会压力测试的简版。自从20世纪90年代早期，在德国特里尔大学开发出来以后，它成为心理学实验中最可靠和最广泛运用的施压手段——无论男女，不管老幼。你不知道的是，这些评估者根本就不是专家，他们是被雇来让你冒汗的。实验者精心培训了他们，尽可能使你难受。无论你做得多好，他们都会让你认为自己搞砸了。

它的开场很简单，你进了实验室，发现要对着一组专家发言。公众演讲是最普遍的恐惧之一，让多数人都感到不淡定。和评委打招呼，他们不微笑。你讲笑话，他们不大笑。你表现出紧张，他们不安抚。你演讲时，评委开始给出消极的非语言反馈。对这些评委的标准化培训包括以下的指导：

- 没有表情地盯视。
- 提供消极线索，像摇头、皱眉、叹息、翻眼、双臂交叉、用脚敲击地板。

· 假装写东西。

· 不笑，不点头，也没有任何其他肯定性行为。

这些“专家”还被鼓励用其他方式打击参与者。比如不时地打断，告诉你做得有多差。一个研究人员告诉我，她指导评委，参与者每说一句话，评委就长长叹息一声，并告诉对方：“停吧，停吧。”

我参加过社会压力测试，就想感受一下是怎么回事。我觉得完全准备好了，确切地知道会发生什么，何时发生。实验之前我和评委们见了面，甚至对实验有多挑战开了玩笑。

它比我想象的还要糟糕。而我，是靠公众讲话混饭吃的。

社会压力测试第二部分是计时数学考试，它考验的是你瞬间思考的能力。你以最快的速度在头脑中运算，然后大声说出答案。数学测试和演讲任务及消极反馈一样，是精心设计给参与者施压的。一项研究发现，当人们知道要做数学时，会刺激大脑感知生理痛苦的区域。评估者尽可能把数学测验搞得痛苦，无论你多快，他们都说你太慢了。如果你犯了个简单错误，就得从头再来。如果你做得好，他们就给你个更难的任务，确保你会失败。

这些加起来，构成了一次痛苦的体验。你不得不在压力下表现，处理负面反馈，经历令人沮丧的社交互动。而这两件事是人们最害怕的：公众演讲和数学。难怪该测试会提高人们压力荷尔蒙皮质醇达400%。

这——臭名远扬的社会压力测验——是杰里米·贾米森接下来要做的思维干预研究的准备工作。重新思考压力，能转化人们对该声名狼藉实验的反应吗？特别是，他对重新思考压力能否将恐惧反应变为挑战反应很感兴趣。为了这项研究，他通过传单和克雷格列表网站上的帖子，在哈佛大学附近和整个波士顿地区招募男女实验对象。他们一个一个被约到哈佛大学参加心理学研究，不知道等待他们的是什么。

参与者一到，会被随机分到三组。第一组接受思维干预，为帮助他们重新思考压力，贾米森会播放几页PPT，解释身体压力反应如何驱动能量来满足情境的需要。举例说，当你感到心脏怦怦跳，那是因为它正努力给身体和大脑输送氧气。他还收集了一些科学类文章摘要，里面讨论了人们一般是如何错误地将压力理解为有害的，比如很多人认为感到紧张就是缺少做事能力的证据，或者生理反应意味着他们将被压力打垮。干预的最后部分，是一个明确的思维建议。贾米森告诉参与者："感到紧张或有压力的时候，想象一下压力反应实际是有益的。"

第二组参与者得到的信息完全不同。他们被告知，降低紧张和提升表现最好的方式是忽略压力。几页PPT和一些文章，把这个观点嵌入了参与者脑海里——虽然，这些文章根本就是骗人的，这不是好建议。他们是控制组，贾米森没有期望这样的指导会帮助他们。第三组的人在压力测试前通过打视频游戏来放松——他们没接受任何特别的指导。每个参与者完成指定的程序——或是思维干预，或是忽略压力的指示，或是打游戏——压力测试就开始了，它将考验贾米森的直觉：视压力反应为资源，能把恐惧转化为挑战。

咱们现在就来谈实验发现：被告知忽略压力和打视频游戏的人，在社会压力测试中毫无区别。所有有趣的结果都来自接受过思维干预的参与者。重新思考压力将他们的反应由恐惧转为挑战，这开始于视压力为资源。

思维干预对他们觉得演讲有多难，或者过程中压力有多大，没有影响。然而，相比两个控制组，他们对自己处理挑战的能力感觉更自信。

接受过思维干预的人，面对压力测试，表现出经典的挑战反应。每次心跳，泵出更多血液；血管收缩程度，也没有恐惧反应那么强烈。唾液淀粉酶水平很高，这是压力引发的生理反应。他们更紧张，但是以一种更好的方式。相对比，控制组表现出明显的恐惧反应的生理特征。

每个参与者的演讲都录了像。事后，贾米森雇用观察员进行了分析。他们关注每个参与者的肢体语言、姿势，还有情绪表达。他们还评估参与者的总体表现。观察员不知道哪些人接受过思维干预，以确保评估没有偏见。结果，他们评价说接受过干预的参与者，更自信，总体表现更好。他们和评委做目光交流，尽管对方在翻白眼儿；他们的肢体语言更开放和自信——笑得更多，运用更有说服力的手势，采取心理学家称为“有力姿势”的动作。他们还表现出较少的害羞与紧张信号，诸如烦躁、碰自己的脸或者低头向下看。他们也较少说自我贬低的话，比如为紧张道歉。是的，最后，他们全力以赴做好演讲。

贾米森更进一步想看看思维干预会怎样影响压力测试后的恢复。数学测试后，评委离开，参与者接受电脑版的视觉测试，以考查其专注度。参与者努力集中注意力在测试上，而研究人员企图用害怕、危险、失败等词语来干扰他们。接受过思维干预的参与者，不容易被这些词分心，在这项专注度测验上，得分更高。虽然压力测试已经压力很大了，他们却没有让其干扰下一个挑战。

让咱们深吸一口气，对思维干预做的所有贡献表示感谢。它提升了参与者应对压力的资源认知，将心血管压力反应由恐惧转为挑战，而不是让他们冷静下来。他们更自信，更投入，较少紧张、羞愧和逃避。客观上，他们表现也更好。结束后，不会被害怕和失败的想法分心。带来如此转变的催化剂是什么？就是如何看待压力反应的一个简单改变。新思维把视为障碍的身体压力反应，看成为资源，使天平从“我无能为力”向“我搞得定”倾斜。

想象一下，这个思维转变会如何随着时间叠加。长期恐惧反应和长期挑战反应的不同，可不仅仅体现在是否能做好演讲或者考试集中注意力上。它意味着在生活中面对压力时，你感觉透支，还是被赋予了能量。它甚至还意味着，你在50岁就得心脏病，还是可以活到90岁。

## 转化压力：变恐惧为挑战

视压力反应为资源，能把恐惧转化为勇气，帮你在压力下做出最好表现。即使在那种感觉不到压力有帮助的时候——比如焦虑情况——欢迎它，也能将其转化为有助的事情：更多能量，更多自信，更大采取行动的意愿。

你可以在生活中任何注意到压力迹象的场合运用该策略。当感觉到心怦怦跳或者呼吸急促，就要意识到这是身体试图为你提供能量。如果注意到身体紧绷，就提醒自己说压力反应在让你接收力量。手心出汗？记住这就跟初次约会一样——要接近渴望的东西，手心才会出汗。如果胃部痉挛，要知道那是意义的信号。你的消化神经束连着数以亿计对想法和情绪产生反应的细胞。痉挛是你的直觉在说：“这很重要。”让你记住为何这个时刻如此特殊。

无论压力是什么感觉，别再焦急地试图赶走它，而是聚焦在可以用压力给你的能量、动力来做些什么。你的身体正在提供资源，帮你应对挑战。不是做次深呼吸平静下来，而是深吸一口气，感受可以吸取到的能量。然后运用它，问问自己：“我可以怎么行动，或者做何选择，能够与当下的目标保持一致？”

## 从“真希望不用做这个”到“我能做”

在我“压力新科学”的课堂上有个学生叫阿妮塔，她是学神经疾病的研究生。整个研究生期间，她都和“冒充者综合征”做斗争。阿妮塔怀疑自己不具备成为研究人员的素质，根本不适合这个学科。（如同你看到的，这是一个十分普遍的恐惧，但多数人都觉得自己才有。）那个决定她能否继续博士学业的资格考试，就在我们课程结束后的一周进行。一想到这个考试，她就害怕，确信自己肯定会失败。她决定用课堂上学到的策略来处理压力。

把压力情境看作挑战而不是恐惧的那节课，对阿妮塔醍醐灌顶。她反思了自己想到考试就产生的恐惧反应，感觉没有资源搞得定，认为考试时焦虑一定会打垮她。她在逃避那些能帮她准备的事情，比如模拟谈话，因为她想躲避任何焦虑和自我怀疑的情绪。即使考试会让她更接近梦寐以求的职业，她还是不停告诉自己：“真希望不用做这个。”

阿妮塔决定努力把思维从恐惧转为挑战。她从小事开始，比如感到紧张时告诉自己是兴奋，虽然最初她自己都不信。她提醒自己紧张实际上是资源，身体正在给自己能量。

然后她开始改变看待行为的思维模式——比如，和学术委员会每个成员见面。一坐下来和委员们谈论自己的项目，阿妮塔就吓坏了，委员们觉得她根本不知道自己在说什么。阿妮塔开始转换思维，将会面当成学习机会。她告诉自己：“即使不知道如何回答对方的问题，这也有助于我准备考试。”当她较少担心自己听上去很愚蠢，就能聆听对方，并更好地利用接收到的反馈了。

阿妮塔还找到勇气，做了四次模拟谈话。第一次是面对她的实验室小组。早上醒来她是如此紧张，当时就想：“真希望我不用做这个。”然后她控制住，告诉自己说：“不，这会很有用。即使今天的谈话很糟糕，很难熬，我也能学到经验，这样下次会更好。”每次做完模拟，她就更有信心，准备也更充分。当她跟自己说已经准备好应对挑战时，她发现，自己已经开始相信了！

资格考试那天来临。阿妮塔醒来，感觉自己真的很兴奋，这令她很震惊。她总是考前紧张，生命中唯一一次，她不再为焦虑而担忧。当开始面谈时，她的声音没有像以往那样一紧张就发颤。尽管没法回答委员会提出的所有问题，她还是保持淡定，自信地陈述。考试结束，委员会主席告诉她，这是她做过的最好的展示。

阿妮塔将转折归功于思维模式的变化。“焦虑就在那儿，我不该试图隐藏或将其推开，也不能假装它不在。这种解放的感觉，令人难以置信。我不需要浪费能量，试图不紧张。我能够以不同方式看待它。”

## 拥抱焦虑有局限吗

我经常被问到的问题是：“这个‘拥抱压力’的概念，只在没有真正的焦虑时才管用，对吧？”这个问题背后的信念是：真的焦虑十分糟糕，我必须消除它。如果拥抱，就会崩溃。我要么与其作战，要么就被其消耗。

嗯，关于杰里米·贾米森的社会压力实验，就是把恐惧反应转化为挑战反应的那项研究，有件事我没有提及。他的一半参与者都有社交焦虑障碍，社交压力测试对他们简直是梦魇。

社交焦虑障碍是一种复杂的心理状态，但有个简单方式来理解它，那就是使人陷入社交孤立的恶性循环。该循环开始于社交恐惧，有社交恐惧的人认为自己不擅长交往，所以就开始担心。害怕会做蠢事，别人会评判自己。他们连聊聊闲天都慌张，担心逃不走。或者有幽闭恐惧症，担心人多了会窒息。

当有焦虑障碍的人身处社交环境，他们倾向于关注自己，而不是别人。这些想法在脑海里萦绕：我看起来很蠢。为啥我要说那个？他们会不会看出我很紧张？他们感觉十分尴尬，不知道说什么。越紧张，冒汗的手掌和加速的心跳就越被当作社交无能的证据：我一定有问题。他们开始担心焦虑是危险的。为什么我冒这么多汗？是不是要得心脏病？

为了应对，他们会选安全行为。像是不和别人做目光接触，在浴室待太长时间，寻找离开的路线，早回家，或者酩酊大醉到不省人事，让焦虑见鬼去吧。太关注自己和逃避行为使得与人交往变得困难。之后，他们会想："太难了，我根本做不好。我猜我搞不定社会交往。下次，我干脆离开算了。"这是恶性循环的自我哺育。最终，关于社交表现的焦虑，变成对焦虑的焦虑。这是典型的焦虑—逃避循环。逃离社交情境成为逃避焦虑的手段，就像数学焦虑螺旋变成了数学逃避，以及飞行恐惧使我脚不离地。

引发社交恐惧的环境不一定是大场面，比如人多或面对生人。它们也可能是你要发言的工作会议；或者去教堂，你得和人聊天；或者去商店和求人帮忙。社交恐惧会影响人的方方面面。当恐惧和逃避的循环持续滚动，直到失控，世界就变得越来越小，越来越小。

记住这些，然后想象一下患有社交焦虑障碍的人经受社交压力测试会怎么样。帮贾米森做实验的一个学生告诉我说，场面看起来很难受。一名妇女只讲了30秒就开始哭泣，直到实验结束再也没说一个字。另一个参与者在实验后的问卷上写道："这是我生命里最糟糕的体验之一。"

该研究令人吃惊的地方就是，拥抱压力也帮助了有社交焦虑障碍的人，如同帮助没障碍的人一样。实际上，思维干预使得那些有障碍的人，看上去就像没有障碍的人。和没接受过思维干预的紧张兮兮的参与者相比，观察员评价他们较少焦虑和羞愧，更多目光接触，身体语言也更自信。他们的生理压力反应转化成挑战反应，压力生理指标唾液淀粉酶水平更高。并且，就像没有社交障碍的参与者一样，有强烈压力反应的人更自信，他们自己和观察员都这样评价。思维干预没有令他们平静，它改变了焦虑的意义，然后是结果。想想这个，尤其是你有焦虑障碍，或认识与该障碍一直做斗争的人：那些有社交焦虑障碍，而被鼓励拥抱紧张的人，在压力和别人注视下，生理压力反应越强烈，就越自信，表现越好。

这是最令人震惊的。即使焦虑真的是个问题，拥抱它也有所帮助。重新思考压力的价值，不仅仅局限于那些没太大挣扎的人。实际上，拥抱压力反应，对那些深受焦虑折磨的人，更加重要。这是原因：虽然有焦虑障碍的人认为他们的生理失控了，但实际并没有。在贾米森的研究中，以及其他许多研究中，有焦虑障碍的人比没有障碍的人，报告了更多的生理反应。他们认为心脏跳得太快要炸了，肾上腺素飙升到危险的程度。但客观上，他们的心血管和自主反应，看起来和不紧张的人一样。焦虑障碍的人看待这些变化的想法不同。他们对心跳的感觉或者呼吸的变化更敏感，同时对感觉持负面猜测，担心恐慌来袭。但他们的生理反应，基本没什么不同。

当1999年我加入斯坦福心理生理实验室的时候，有个同事刚刚完成一项研究，比较社交焦虑障碍人群和没有障碍人群的压力生理。她发现他们在压力生理反应上没有不同，虽然紧张的参与者认为自己的生理反应更强。我记得很清楚，当时我坐在实验室数据房，弄自己的心理学数据，而我的同事分享她的发现，我根本不信。那时候我受困于焦虑，确信那些图表反映不了自己的情况。我觉得实验室一定没找到真正紧张的人，所以那些发现不靠谱。当然，他们靠谱，因为我了解了思维在转化压力观念和其引发的后果中的作用。但当我视自己的焦虑为敌时，我接受不了那个发现。

按理说，有焦虑症的人持有最消极的压力观点，应该最愿意接受思维干预的帮助，以教会自己重新思考压力反应。但据我的经验，他们最不愿意相信这套。但我同时发现，当涉及思维干预时，最初你越抗拒新思想，它对转化你的压力体验越有力量。

## 从福利到工作

苏·科特最近刚刚从加利福尼亚州莫德斯托的社区服务机构退休，开着露营车穿越全国。25年间，她一直在教求职预备班，帮接受福利的人找工作。预备班处在一个杂乱无章的建筑群里，那里既有可以免费申请食物的办公室，也有接受监管的儿童福利部。科特当初和她学生的处境如出一辙，发现自己怀孕后辍学，23岁时，已经有3个孩子，依靠申领免费食物过活。虽然最后她返回校园，在30岁时拿到大学学位。科特说于她而言，找到生命的可能，可谓步履维艰。

科特的学生——全是被强制选送来参加为期3周的课程——在课上写简历，填在线工作申请表，练习面试技巧。除了这些实践性的任务组成的正式课表，科特的课还包括一项额外内容——压力思维干预。

我经由朋友认识科特，惊讶地听说她在福利到工作的课上放我的TED演讲视频。我特别感兴趣，因为最常被问到的问题之一，就是重新思考压力，是否适用于生活在极端困境中的人。科特的学生毫无争议地属于这类人群。

就像科特描述的，出现在福利到工作课上的多数学生，离无家可归仅一步之遥。他们受到的资助——带一个孩子的单亲妈妈每月大约是500美元——根本不够付房租和养汽车。有些还处在，或刚刚才离开受虐待的关系。为了参加求职预备班，他们被迫离开孩子，而这样孩子就得不到值得信赖的照料，有时还有危险。有些学生从没工作过，近些年莫德斯托的失业率高达20%，这使得他们找到工作的可能更加渺茫。

她教工作预备班多年，许多学生出去后找到了工作，但随后总有事情发生——失去房屋、生病，或由于关系破裂而无法抚养孩子。他们的生活支离破碎后，就再回到课堂，试图重新来过。“看着他们要应对的事情，而且是日复一日，你就知道找到对付压力的方式有多难了。”科特说。

20世纪90年代开始教福利到工作课不久，她就意识到典型的压力管理方式不够用。她曾经接受过训练，讲到压力管理时会发一张压力事件检查表。于是科特把检查表发给学生，让他们把过去一年经历过的都选出来。（作为一项健康推广手段，我也被教过这样做——它现在还是压力管理课堂上流行的工具。）在这个典型生活事件清单上，基于压力可能有多大，每个事件会被指定一个分数。离婚让你得73分，亲属去世和蹲监狱都是63分，怀孕的压力分数是40。再往下，改变生活环境得23分，而熬过假期是12分。全部分数相加，就是你的压力分数。

分数代表着什么？得分越高，你患病或死亡的危险越大。如果得分在最高区间（300分左右），你收到的评价很简单——“不久的将来，你有高或很高的生病风险。”作为压力管理工具，它是要令人震惊地意识到，得对你的压力做些什么了，这很重要。但想象一下勾选了清单上半数事情的感受——许多你都无法掌控——然后又被告知你的生活一团糟，这会杀了你。我见过的一个版本包括这样的建议：“如果发现自己处于中度或高度风险，很明显，你首要做的事是避免未来的生活危机。”对许多人而言——尤其是科特的学生——这条建议相当可笑。

没多久，看到学生被弄得很沮丧，科特就取消了生命事件检查表。“它让人灰心丧气。”科特告诉我，“你意识到，我还是放弃算了，因为要面对这么多东西。我永远走不出来。”

当科特描述她的体会时，我想起最近收到的一封邮件，一位看到我拥抱压力演讲的心理学家写信过来。他十分担心我传递的信息。“我害怕人们这样理解你的大意，过有压力的生活是好的，不需要去改变什么。”他写道。

我确信他的担心出于真的想帮我。但当我读邮件时，第一反应是：当我们告诉人们过有压的生活不好时，这传递了什么信息呢？事实是多数人不是选择了压力，他们得面对压力。当被问及生活中最大的压力来自何处，人们典型的回答是爱人的健康问题、经济来源、学业压力、工作压力，以及身为父母。我们没法将它们从生命剥离以减少压力。如果人们控制不了压力来源，告诉他们你们的生活是不可接受的，这有什么帮助呢？

科特确信标准版的压力恐怖信息和学生的需要恰恰相反。“四处看看，”她说，“你读到的都是压力会导致恐怖疾病的信息，然后你想，我又掌控不了发生的这一切，它们会掌控我的未来。”她多次看到，生活的境况令学生麻痹。是的，他们需要实用技巧、稳定的生存条件和钱——科特努力帮他们获取这些东西。但她也同时看到，学生需要相信自己能够做些什么，以有所不同——许多学生不这么想。

于是科特开始以非常不同的方式与他们讨论压力。她解释说，你要么让压力淹没和麻痹，要么就看看怎么利用它们。她教他们心跳加速和呼吸急促是身体帮你在对付压力。“这样面试时心怦怦跳，他们不只是想：‘哦，上帝啊，我受不了了。’”科特解释。他们还讨论面对突发事件时如何应用挑战思维。科特问学生：“上班路上车子发动不了，你该怎么做？保姆没来，你会怎么应对？”她辅导学生如何应对工作后的局面，帮他们提前计划、行动，而不是放弃。

学生面对的很突出的问题是，他们缺少帮其更轻松应对局面的资源。许多人都没有可以寻求帮助的亲属，银行里也没有钱。重新思考压力的思维干预对他们非常适用。他们拥有的一个资源，就是自己。他们有勇气、坚毅和自身的动力。视压力为失控的信号，他们会分崩离析，阻止其认识自身的优势。“重新思考压力赋予了他们力量，”科特说，“这改变了他们能做什么和能实现什么的信念。”

科特的观察使我想起偶然碰到的，在科罗拉多家庭暴力庇护所进行的一项不太为人熟知的研究。研究中，工作人员发给妇女们一份问卷，上面罗列了紧张的生理表征，诸如“你的心脏剧烈跳动”“手心出汗”“上不来气儿”。妇女们需要回答为什么她们有这样的感觉。选项包括中立的解释，如“剧烈运动”，和积极的解释，像“你很兴奋”。调查也提供消极的说明，比如“你压力很大，事情没做好”和

"你搞不定生活中发生的事"。

为生理紧张的感觉选择消极解释的妇女，认为自己缺少资源。在虐待中更容易责怪自己，有更高发展为抑郁和创伤后应激障碍的风险，对应付法律程序也更不自信。研究人员的分析表明，这些妇女消极解释身体感觉的倾向，会提升以上风险，因为她们怀疑自己没有应对的资源。

这个，我认为，指向了杰里米·贾米森研究，亚伦·阿尔图斯数学课，苏·科特福利到工作训练，以及我自己"压力新科学"课的核心。选择视加速跳动的心脏为资源，不仅仅是将生理压力反应由恐惧转为挑战的思维伎俩，而且能改变你对自身，以及自身能力的看法。最重要的是，它引发行动——拥抱焦虑，以这样的方式，助你应对挑战。

## 最后的想法

通过邮件我收到一个相当精彩的故事，它诠释了拥抱身体压力反应的力量有多大。一名妇女坐在自己屋后走廊听我拥抱压力的TED演讲，我刚刚解释了压力反应如何给你能量和勇气。我描述说怦怦跳动的心脏是身体要应对挑战的信号。这时候，她听到隔壁邻居家传来争吵声，知道那个爸爸又在打孩子。这不是第一次了，以前，她都会僵在那里。小时候，她也被打过，目睹这样的暴力令她想起了过去的创伤。

以往，她会为隔壁的孩子祈祷，但没勇气行动。而这次，她从内心接受了TED演讲的思维干预。她想，身体会给我行动的勇气。于是，她报了警。她集聚内在资源，找到力量，寻求外在资源的支持。警察询问过后出面干预，保护了孩子。她不但帮助了弱小的孩子，也体验到自己打破恐惧与麻木的能力。并且，她更进一步将故事与我，也和他人分享——让她的行动激励别人。

总是如此简单吗？不。但这样的故事对我们是重要提醒，你需要的资源，你已经有了。思维转换和自我相信的提升将帮你驾驭资源。该妇女选择的思维重置没改变她被打的历史，也没带走那一时刻的恐惧。但它将麻木无力变为勇敢行动。

视压力为资源管用，是因为它令你相信“我能做到”。这个信念对一般压力重要，对那些极端压力，甚至更重要。知道你足以面对生活的挑战，意味着希望与绝望、坚持与溃败的区别。研究表明，如何诠释身体的压力反应，在信念里起着重要作用，无论你在忧虑考试，经历离婚，还是面对下一轮化疗。

拥抱压力是自我信赖的根本：觉得自己可以，并视身体为资源。你不必等着害怕、压力或者焦虑消失，只是做最重要的事情。压力不是停止和放弃的信号。这类思维转换是催化剂，不是治疗。它并不抹去痛苦或让问题消失。但如果你愿意重新思考压力反应，它会帮你发现优势，获取勇气。

# 第五章

# 内在联结：压力能经常使人更具关怀性，提升抗挫力

20世纪90年代后期，加州大学洛杉矶分校的两名心理研究员在探讨，实验室的女科学家应对压力的方式与男人有何不同。男人会躲进办公室，但女人会把饼干带到实验室的会议间，与别人一起喝咖啡。忘了或战或逃吧，他们开玩笑说，女人互相照料。

这个玩笑印在其中一个女人脑海里，她就是博士后研究员劳拉·库西诺·克莱因。心理学研究表明，压力会导致攻击，但这不是她的体验，也和她观察到的其他女人的反应不符。她们更愿意和别人谈论自己的压力，和所爱的人在一起，或者把压力导向关怀别人。她怀疑科学是不是忽略了压力的某个重要方面。

克莱因决定深挖，她惊奇地发现，90%发表的压力研究都是关于雄性的。动物研究和人类研究都是如此。当克莱因与实验室主管谢利·泰勒分享这个发现时，泰勒也受到触动。她对实验室成员提出挑战，研究压力的社会面，尤其对于女性。在对动物和人的研究中，她们找到证据，压力能提高关怀、合作和同情心。压力之下，女人更照顾人——关怀别人，包括她们的孩子、家庭、配偶或社区。也更友善，强化社会纽带的行为更多，比如倾听、花时间在一起，及提供情感支持。

而当照顾与友善理论，开始用来研究女性压力反应时，它迅速拓展，也把部分男性包括进来——因为男科学家说：“嘿，我们也会照顾人，也友善啊。”泰勒的团队和其他研究组一起开始证明压力不像科学家一直认为的那样只激发自我防御。它也释放保护部落的本能。这种本能有时候在男女身上表现不同，但两种性别都有。压力时刻，男女都表现出更信任别人，更慷慨，更愿意冒牺牲自我的风险而保护别人。

在我最近一次演讲提到照顾与友善理论时，一只女人的手嗖地举起。“我觉得这个理论还需要大量分析，”她说，“这完全和我在商业世界几十年的经验相违背。”

我邀请她多讲些自己的体验。“压力让人更自私，”她宣称，“保护自己，损害他人。”

这是人们首次听到照顾与友善理论时的通常反应。确切地说，我的学生没错。她在描述某一类压力反应。压力不总是让我们更善良——也会让我们生气和防御。当或战或逃生存本能介入，我们变得强势或孤僻。重要的是，照顾与友善理论不是说压力总导致关怀。它仅仅说，压力能经常使人更具关怀性。另外，社交与或战或逃一样，都是强烈的生存本能。

如同之前读到的，如何看待压力，在决定你有哪类压力反应中起着重要作用。我们看看如何通过聚焦比自我更大的目标，支持他人，甚至选择将压力和痛苦看成是人类基本体验的一部分，来培养照顾与友善思维。

还有，我们会发现，联结冲动，既是自然的压力反应，也是抗挫力的来源。照顾别人，会改变我们的生理化学过程，激发大脑产生希望感和勇气的系统。助人还可以抵抗长期及创伤压力的伤害性后果。在看起来相去甚远的情境下，比如因犯罪率上升而被抨击的公共交通系统里，对穷苦与危险的青少年而言是最后希望的高中里，犯人会在里面死去的监狱医院里，我们都会看到关怀提升抗挫能力。咱们先看看照顾与友善反应如何帮助你，以及为何选择与人联结能让你更好地处理压力。

## 照顾与友善如何转化压力

从进化的观点看，我们将照顾与友善反应作为保留项目，是为了保护后代。比如一只棕熊妈妈保护幼兽，或者一名父亲把儿子拖出着火汽车的残骸。他们需要的最重要的东西，是自己身处险境但依然行动的意愿。

为确保有勇气保护所爱之人，照顾与友善反应必须和逃避伤害的基本生存本能作战。在那些时刻，我们需要无所畏惧，并自信行动会带来不同。如果认为自己无能为力，你就可能放弃。而如果因害怕手脚僵住，所爱之人就可能丧生。

核心是，照顾与友善反应，是减少恐惧和提升希望的生理状态。理解该反应如何运作的最佳方式就是看它怎样影响你的大脑。我们已经看过了，压力能提高神经荷尔蒙催产素的水平，它会激发亲社会倾向。但这只是照顾与友善反应的一部分，实际上，它会提升大脑三个系统的活动：

- 社会关爱系统由催产素控制。该系统被激活时，你感到更多同理心和信任，并强烈想与他人联结和亲近。这个网络还抑制大脑的恐惧中心，提升勇气。
- 奖励系统释放神经传导素多巴胺。奖励系统的活跃提升动力，抑制恐惧。如果压力反应包括多巴胺上升，那么你会对自己做有意义事情的能力感到自信。多巴胺还刺激大脑，渴望身体行动，保证在压力下不僵住。
- 协调系统由神经传导血清素驱动。这个系统被激发，会强化你的认知、直觉和自控。这将使你更容易知道需要做什么，确保你的行动有最大积极影响。

换句话说，照顾与友善反应令你主动社交、拥有勇敢和智慧。在需要驱使自我有所行动时，它既提供勇气与希望，也提高聪明行动的意识。

这是事情变得有趣的地方。照顾与友善反应可能是进化来帮助我们保护后代的，但身处那个状态中，你的勇敢迁移到面对的其他挑战上。这样——也是最重要的部分——任何时候你选择帮助别人，就会激发这个状态。照顾别人引发勇气，创造希望。

加州大学洛杉矶分校神经科学家的一个研究，确切展示了关怀他人如何按下大脑开关，将恐惧转为希望。研究人员邀请参与者带着爱人来到一个脑部成像设备跟前。他们一到，就被告知说这是一项有关人们对他人痛苦如何反应的研究。所爱的人将接受一系列中等痛苦程度的电击，而他们在一边看着。为了让大家了解爱人经受的痛苦是怎样的，研究人员电击了每个参与者一下。

如果同意研究继续，参与者就不能阻止爱人经受痛苦。但研究人员提供两种方式给他们，以应对知道爱人正在受苦所承受的压力。对有些痛苦的电击，参与者被要求握住爱人的手，以安抚他们。而另一些电击，他们则挤一个压力球，帮助管理看到爱人受苦而自己承受的压力。整个过程中，研究人员观察参与者的大脑状况。

研究中的两类应对策略——握手和挤压力球——是生活中我们应对爱人的痛苦很好的例子。有时我们关注爱人，看看能否安慰、支持或帮助——这是照顾与友善反应。这是勇气行为，虽然我们做的全部就是倾听和陪伴。其他时候，我们寻找方式逃避他们受苦使我们承受的压力。这让我们把注意力从爱人身上离开，使我们更不能，也更不愿帮忙。我们从身体或精神上撤退，转向平复自身不适的逃避措施。心理学家把这叫同情崩溃——试图逃避别人的压力带给我们的压力，因而裹足不前，而不是行动。

研究人员发现，两类应对策略对参与者脑部活动有非常不同的影响。当参与者伸手握住爱人的手，脑部奖励和关怀系统活跃度上升。伸手同时抑制了扁桃体活动，那是引发害怕与逃避的部位。和多数逃避策略一样，挤压力球没有减少压力，它实际上降低了奖励和关怀系统的活动——强化了参与者无助的感觉。

这项研究告诉我们两件事情。第一，当在乎的人受苦时，注意力放在哪里，会改变我们自己的压力反应。如果聚焦于安慰、帮助和照顾所爱之人，我们会体验到希望与联结。相反，如果聚焦于解除自身痛苦，我们会身陷忧虑。第二，我们可以经由小的行动创造勇气生理反应。在这个案例中，就是握住经历痛苦的爱人的手。在日常生活中，有许多机会做类似的联结选择。

无论你被自己的压力吞噬，还是受到别人痛苦的影响，找到希望的路径都是联结，而不是逃跑。采取照顾与友善方式的益处不仅仅是帮助爱人，虽然这是它的重要功能。在你感觉无助的任何情境下，做些支持他人的事，都会使你保持动力和乐观。

照顾与友善反应的这个影响，使助人成为令人惊讶的、转化压力的有效手段。举例说，宾夕法尼亚大学沃顿商学院的研究人员对找到缓解工作时间压力的方式很有兴趣。你知道那种感觉：有太多事要做，又没有足够时间。时间匮乏不仅仅是有压力感觉，它还会导致糟糕决定和不理性选择的思维状态。在研究中，工作人员尝试两种不同方式来消除没有足够时间的感觉。他们给一些人未曾期望的自由时间，让其自由花费这从天而降的意外惊喜，做什么都行。另一些被要求用这些时间帮助别人。之后，研究者要求参与者评估现在他们有多少空闲时间，以及总体来说时间资源方面有多匮乏。

令人吃惊的是，助人降低了人们对时间匮乏的感觉。相较把时间花在自己身上的人，助人的参与者汇报说感觉更有能力，更胜任工作，更有用。这相应地改变了他们对要实现的目标和自己应对压力的能力的看法。该研究与杰里米·贾米森的拥抱思维干预类似——助人强化自信，这改变了看待外部要求的看法。新找到的自信还影响了他们看待客观事物的观点，像时间。助人之后，时间作为资源得以拓展。

从照顾与友善观点看，我们怀疑助人转化了他们的生理，抑制了无力感。沃顿商学院的研究人员用这个建议总结他们的发现：“当人们感觉时间受限，他们应该更慷慨地为别人花时间——尽管他们的倾向正相反。”

这条建议很准确，因为人们往往低估了助人带来的良好感觉。比如说，人们错误地预期把钱花给自己会比花给别人更开心，而事实正相反。给予能提升你的情绪，即使你是被迫为之。在一项研究中，俄勒冈大学的经济学家给参与者100美元，问他们愿不愿意将其中的一些钱捐给食物救助站。很多人都捐了，尽管数量不同。而对另一些参与者，研究人员未经同意，就从他们手中拿回一些钱，以他们的名义捐给救助站。两种情形下，大部分参与者的大脑奖励系统因为捐赠被激发。当参与者自己决定捐献时，大脑变化更活跃。但两种情况下，变化的方向是一致的。这些脑部变化也预测了情绪的改善——向食物救济站捐献使多数参与者感觉良好。

这两项研究的精髓不是说人们应该被逼做慈善或去助人。这些发现提醒我们，不必等到慷慨感来驱动时再决定去助人。有时候，我们先选择慷慨行动，驱动感会随之而来。尤其是感觉自己的资源——无论是时间、能量，还是其他的——匮乏时，选择慷慨大方是获得抗挫能力的一种途径，它伴随照顾与友善反应而来。如果你受逃避、自我怀疑的折磨，或者感觉要崩溃了，助人是最有效的动力助推器之一。

**转化压力：变无助为希望**

当你感觉无助时，找个方式为别人做点儿超出你日常责任的事。大脑可能会告诉你说没时间或能量，但这正是你该那样做的原因。你还可以把这当成日常行为——设定一个找机会支持他人的目标。这样的话，你引导身体与头脑采取积极行动，能够体验到勇气、希望和联结。

两种策略能强化这种做法的益处。首先，做新的，或者未曾期望的事情，比每天做同样的事更能强化大脑的奖励系统。其次，小的行为和大的动作一样有力，所以找机会从小事做起，而不是等到完美时刻出现才一鸣惊人。我鼓励学生有创造性地与人为善。你可以给予他人赞美，或只是全情关注。像我们看到的其他思维重置，比如牢记价值观或者重新看待急速的心跳一样，它是一个小选择，但对你如何体验压力，有超出期望的巨大影响。

## 更宏大的目标如何转化压力

在1999—2000年，心理研究员詹妮弗·克罗克休公假，暂时从密歇根大学的教学与管理职责中脱身出来。虽然公假被理想化为重拾创造力和全情投入研究的好时光，事实上克罗克疲惫不堪。几年前她拿到了密歇根大学教授职位。学校有个全球顶尖的心理研究项目，她的几名同事在该领域享有盛誉。尽管是因为出色的研究而被选中——实际上她是跨界，从另一个学校转过来——她一直怀疑聘任委员会是不是犯了错，自己是不是同事所称的“密歇根材料”。（补充下，听到克罗克这样讲，我不得不说自己很惊讶。她的履历里包含上百篇科学文章，以及几个重要奖项，包括2008年被授予的杰出终身职业奖。）经过试图证明自己价值的几年，她筋疲力尽。现在，她要花时间休息一下，想清楚如何重新聚焦目标。

公休年的春天，克罗克与一个朋友喝咖啡，朋友劝她去加利福尼亚州索萨利托参加一个职业领导力研讨会。克罗克同意参加，但没抱太大期望。然而，在那9天研讨会上听到的，恰恰是她需要的。该活动聚焦在证明自我价值要付出的代价上，这正是克罗克经历的。研讨会的参与者包括商务人士、医生，甚至有养育十几岁孩子的父母——她惊讶地发现房间里的每个人都有这个问题。在一个持续竞争的地方，不断追求目标相当耗人——总要试图令别人刮目相看或证明自己。它剥夺工作乐趣，导致关系冲突，损害身心健康。然而和克罗克一样，那里的每个人都认为，这是唯一的成功之道。

研讨会的组织者持有不同观点。他们坚持说，如果你视自己为更大群体的一部分——团队、组织、社区或使命——就会消除奋斗的毒性成分。当你的首要目标是对这个更大的群体有所贡献，你依然会努力工作，但驱动力不同。你不是仅仅企图证明自己足够好或比别人强，而是为比自己更高的目标服务。不只聚焦在自我成功，也想要为了更广大的使命而支持他人。

包括克罗克在内，参与者被鼓励思考更宏大的目标——那些超越个人收益和成功的目的。更高目标不是客观目标，像升职或者回报，比如得到老板表扬。它与你如何看待在所属群体中的角色有关——你想贡献什么，想创造什么改变。如果以这种思维模式出发，研讨会组织者解释，你就会提高同时实现自我职业目标和得到更宏大目的的机会——过程中也能体验到更多快乐和意义。

克罗克意识到，整个职业生涯，她一直被竞争和自我关注的模式驱动，而不是更宏大目标。学到看待工作的新方式，来解决自己的职业倦怠，克罗克很兴奋。但她首先是名科学家，所以公休年结束，她就做了任何优秀研究员都会做的事：开始设计实验，了解两种不同思维模式如何运行。

克罗克和同事研究了关注自我或更宏大目标对学术成功、职场压力、个人关系和幸福带来的不同结果。以及在两种极其不同文化下的影响——美国和日本。他们发现的第一件事情是，与更宏大目标联结的人，感觉更好：有希望、好奇、关怀他人、感恩、有动力、更兴奋。相对比，关注自我目标的人，更容易感到困惑、紧张、生气、嫉妒和孤独。

这些目标带来的情感随时间累积，于是持续追求自我目标的人更可能抑郁，而被宏大目标驱动的人，对生活表现出更高的幸福和满足感。如此不同的原因之一是，以更宏大目标行事的人，建立了强大的社会支持网络。看似矛盾的是，集中精力帮助别人而不是证明自己的人，他们比那些花精力自我表现而不支持别人的人，更受尊重和喜爱。相反，不断追求自我目标的人，往往被别人怨恨和拒绝，久而久之，社会支持系统会崩塌。正如公休年之前的克罗克，她事业成功，但感到孤立无援，觉得自己的地位岌岌可危。

重要的是，追求目标的两种方式不是固定的人格特质。克罗克表示，每个人都有这两种目标——证明自我和为更宏大目标做贡献——这两种驱动力随时间波动。（首要因素可能是身边围绕的人。克罗克发现，自我关注和更宏大目标都具有传染性。）在最早的实验中，她试图用各种心理学手段操控人的驱动力，包括导入参与者未曾意识到的不同目标。但不久后她发现，当人们不得不自我转换时，效果更好。当被邀请思考更宏大目标时，人们会转化思维模式。而这样做的话，就转化了他们的压力体验。

在一个研究中，克罗克与同事想测试在压力面试中，思考宏大目标会怎样影响参与者。在面试前，一些参与者接受了简短的思维干预。工作人员解释说面试会令他们进入相互竞争和自我推销的思想状态。而对待面试的另一个方式，工作人员建议，是聚焦在得到这份工作，会让你如何助人，或者为更大使命做贡献。参与者有几分钟来思考最重要的价值观，以及这份工作允许他们如何助人，会带来怎样的变化。最引人注目的是，工作人员没有强加任何宏大目标，参与者得自己寻找。

为检视思维转换对表现的影响，工作人员在面试前后都测量了参与者的压力荷尔蒙。他们还录下了面试过程，请无偏见的观察员分析参与者的行为。思考了宏大目标的参与者，与面试官有更多的交流行为，像微笑、目光接触、不自觉地模仿面试官的肢体语言——这些行为都会提升友善程度，强化社会联结。还有，评估者更认可他们的表达，评价说他们的答案比没有思考自我价值观的人更具激励性。思维转换同样影响了参与者的生理压力反应。那些反思了该工作有更宏大目标的人，表现出较低的恐惧反应。这是对两类压力荷尔蒙——皮质醇和促肾上腺皮质激素进行测试得到的结果。

以照顾与友善方式实现个人目标有很多益处，而克罗克不是唯一研究这个的人。戴维·耶格尔——我们在第一章遇见过他（他给一群穿着运动短裤的九年级学生做思维干预）——证明帮助学生找到更大目标可以提高学业成绩和改善表现。在另一个研究中，工作人员给大学生提供了20分钟的“超越自我”练习：

> 花些时间想想，未来你想成为哪样的人。同时思考一下，你想给周围的人或社会带来怎样的积极影响……在纸上，用几句话回答这个问题：在学校的学习，对你成为要成为的人有何帮助，对你未来要给周围的人或社会带来的影响有何帮助？

接下来，学生们要做一系列又烦人又难的数学题。完成超越自我反思的学生，坚持得更久，结束时答案正确率更高。在高中进行的同样的思维干预里，学生们不仅短期动力增强，期末时成绩也更高。耶格尔和同事发现，当学生们思考更宏大目标时，改变了枯燥工作及学业挑战的意义。新的意义——坚持学习帮助他们在未来有所不同——促使其更投入挑战，而不是逃避。

凯斯西储大学的一项研究，给为什么更宏大目标可以如此有效转化压力，提供了更多见解。神经科学家把学生带入实验室和教学专家进行对话。对有些学生，专家们直奔主题，谈论他们的学业和面对的任何问题。而对另一些学生，专家们询问他们对未来的愿景，激发他们反思自己的价值观和理想。过程中，神经科学家跟踪每个学生的脑部活动。当专家问及更宏大目标时，学生们受到激励，感到被关怀，觉得更有希望。同时也刺激了伴随照顾与友善反应而来的三个大脑区域的活动。反思更宏大目标和助人有同样的效果，它引发更积极的驱动力。

## 转化压力：变自我关注为更宏大目标

当在工作或人生任何重要领域感到压力，就问问自己："我更宏大的目标是什么？""这是个为之服务的机会吗？"

如果你很挣扎，不知道如何寻找宏大目标，花点儿时间思考一下以下问题：

- 你想给周围的人带来什么积极影响？
- 生活或工作上，什么使命最激励你？
- 你想为这个世界贡献什么？
- 你想创造什么改变？

## 为职场设计更宏大目标

莫妮卡·沃林是同情心实验室研究集团的创始人，该组织网罗了一大批研究职场社会联结的组织行为心理学家。她的研究表明，感到和他人有联系，可以降低职业倦怠，提高敬业度——这是助人带来的最大福利。

作为这家位于圣地亚哥的咨询公司的总裁，沃林和20家在纳斯达克上市的公司有过合作，还和《财富》杂志上许多“世界最受景仰企业”打过交道。她用来帮助企业员工提升韧性的一个练习叫作“角色重设”——从更宏大的角度重新书写你的岗位描述。多数岗位描述都会列出涉及的任务、需要的技能，及岗位的工作重点。但很少告诉你岗位对组织或群体的贡献。

在“角色重设”练习里，沃林请参与者思考：如果从共事的人，或者所服务的人的角度看，你会如何描述自己的工作？你的角色对他们有何帮助？你的工作对公司更大的愿景，或者群体其他人的福祉有何支持？虽然该重设没有改变工作的基本任务，但转化了人们的看法。沃林发现该练习值得信赖地提升了人们从工作中得到的意义和满足感。

她最喜欢的重设职场更宏大目标的例子，发生在肯塔基的路易斯维尔，当时人们很担心公共交通系统的安全问题。比如说，2012年7月，发生了一件令全市震惊的惨剧。三个男人在公交车上发生争吵，一个人掏出枪，光天化日之下杀死了年仅17岁的里科·罗宾逊。路易斯维尔市长格瑞格·费舍尔严厉要求公交车系统提升公共安全。其中的措施包括——除了已经安装的摄像头和紧急广播系统外——公交车司机必须思考自己在保护乘客安全中发挥着何种作用。

公交车司机严肃地接受了挑战，集体把自己改名为“安全大使”。驾车还是其首要任务，但他们开始重新思考自己的角色，包括让公交车成为旅客感觉被看到和了解的空间。司机们决定做一件事，在乘客上车时表示欢迎。不只是收钱或检查公交卡，他们还与乘客目光交流，打招呼。通过和顾客联结，司机可以降低在公共区域引发犯罪的匿名性。他们也使乘客感觉更舒服和受欢迎。

“角色重设”最大的惊喜是对司机的影响。他们工作的意义感爆棚——这对有高职业倦怠风险的岗位，是非常重要的成果。（根据《美国新闻与世界报道》的调查，公交车司机承受超出平均水平的压力，但又较少晋升机会。）路易斯维尔的司机通过把自己想象为安全大使，改变了工作的意义。他们在为更宏大目标服务，支持市长的安全举措——每次有人上车，他们就会想到这个目标。

沃林说路易斯维尔的案例和她与其他团队工作的经历很一致。以更宏大思维看待工作，甚至可以点亮最基本的任务，减缓职业倦怠。

更宏大目标的益处，不仅局限于工作满意度。研究表明，将这种思维运用到关键决策上的领导人，能帮助组织从困境中反弹。2013年，弗尼吉亚和华盛顿的研究人员，对过去2年，经受过严峻挑战的

140家公司进行了调查。这些公司代表多种行业，包括制造业、服务业、零售业、农业。除了苦苦在漫长的经济衰退中挣扎，它们还都面对过至少一次关乎公司未来的威胁。

研究人员对公司领导人进行访谈，想知道他们做了什么，从而在危机中得以生存。他们也研究公司财务报告，看那次危机对收入、利润和组织规模有何影响。当研究人员把挺过来的公司与受创最重的公司比较时，一个核心区别跃然纸上：最成功的公司，采取了研究人员称为集体主义的方式来应对困难。换句话说，他们把危机当作支持更宏大目标的机会。比如说，几家公司都深受周围犯罪活动的折磨。多数公司都提升保安系统，试图在公司与周围相邻的环境之间设置障碍。但是，有家企业，尝试了非同寻常的照顾与友善策略：它投资装修了附近被遗弃的建筑，然后将其租给社区。

这些公司还报告了一些其他有效和富有创造性的解决方案，通过关注更宏大目标应对衰退。比如给重要的社区团体打折，像警察和学校。为当地年轻人提供导师和奖学金项目，以解决技术工人短缺的问题。每个案例中，公司领导人都是聚焦在更大的社群利益上，而不仅仅是自己当下的生存。重要的是，这些不仅仅是感觉良好的措施。纵观所有行业，领导人寻求超越自我的方案，公司在危机中和危机后，收入、利润和扩张速度都有更大增长。

许多人错误地认为同情是弱点，关怀他人会消耗我们的资源。但是科学和这些案例表明，关怀实际上会丰富资源。因为社会种群，包括人类，靠自己是无法生存的，大自然用整个驱动系统武装我们，确保大家互相关爱。许多时候，这个系统比或战或逃的本能对我们的生存更关键。大概这就是为什么大自然把它赐予我们，不仅给我们能量，还有希望、勇气。当我们经由照顾和友善启动该驱动系统时，我们同时调动了所需资源，处理自身的挑战，做更英明的决策。照顾和友善，不但不会耗空我们，还能赋予我们能量。

## 关怀如何创造韧性

娜塔莉·斯塔瓦斯，一名32岁的医生，光脚跑过26英里，正在接近波士顿马拉松的终点。她下定决心，不让疲惫阻止为其所在的儿童医院筹款。就在接近终点的时刻，斯塔瓦斯听到了鞭炮声——她以为是鞭炮声。接着，人们尖叫着冲向她。

这是2013年4月15日，从未想到的事情发生了。

斯塔瓦斯转向父亲，他一直跑在女儿身边。“爸爸，我们得帮忙！”她跳过4尺高的赛道围栏，跑向便道。不一会儿，她跑到大西洋渔业公司前面，那是第二个爆炸地点。到处是血——以至于她在空气中都能闻到腥味儿。环顾四周，看到散架的婴儿车，没有身体的脚，她几乎站立不住。接着，她看到一个年轻女子躺在地上，她跑过去，检查呼吸，开始按压女子的胸部，做心肺复苏。

在爆炸现场，斯塔瓦斯救治了5个人，其中4个幸存下来。她一直没停止帮忙，直到一名警察将她拖走。

斯塔瓦斯只是爆炸发生后，冲去行动的人群中的一员。刚刚完成马拉松的选手，跑到马萨诸塞综合医院献血。在线平台“群体关爱”迅速建立，当地人为滞留的选手提供食物、陪伴和睡觉的地方。志愿者们返回终点线，找回奖牌和被吓坏的选手们丢下的物品。

这些关爱行为不是几天或几周后，人们想为灾难做些有意义的事时才发生的。行为在爆炸后立刻发生，要做些什么的驱动力是天生的。

发生在波士顿的自发的救助很感人，但并不特别。它的普通之处在于：困境能激发善行，因为痛苦驱动了助人的需要。研究表明，创伤事件发生后，多数人变得更利他。他们花更多时间照顾朋友和家庭，也愿意做非营利性团体和教会组织的志愿者。重要的是，这种利他主义帮他们自愈。创伤幸存者花越多时间助人，他们感觉越幸福，也在自己的生活中看到更多意义。

你自己在苦苦挣扎，却还有助人的本能，这被马萨诸塞大学心理系教授欧文·斯托布称为“利他源于痛苦”。青年时代，斯托布在匈牙利逃过了纳粹主义。作为学者，他本想研究导致暴力和反人类行为的条件。但过程中他对不断浮现的助人故事着了迷——比如82%的大屠杀幸存者在监狱中都想方设法帮助他人，自己挨饿时依然把食物分享出去。

斯托布开始关注大范围创伤事件发生后的利他主义提升，比如自然灾害、恐怖袭击、战争。悲剧后的利他主义有个显著特征：受苦最深的，助人最多。1989年，飓风“雨果”袭击了美国东南部，遭受最严重损失的人，比那些损失轻微的人，为其他受害者提供了更多帮助。9·11事件后，报告说最悲痛的那些美国人，奉献出最多的时间和金钱支持袭击的受难者。从更大范围讲，斯托布发现，生命中承受了很多创伤事件的人，更愿意做志愿者，或者在自然灾害后捐钱。

如果你将利他看作是对自我资源的损耗，这看起来就是令人疑惑的现象。从这个观点看，自我损失应该驱使我们保留能量，守住剩下的任何资源。为什么苦难会让人热衷于服务呢？

答案看来存在于我们已经思考的事情当中：关怀引发勇气和希望。如同我们看到的，帮助别人可以将恐惧转化为勇气，无力转化为乐观。当生活很悲催的时候，照顾与友善行为对我们的生存更为关键。当我们苦苦挣扎时，助人的本能发挥着重要作用，以阻止溃败反应。溃败反应是对重复成为受害者产生的生理反应，会导致没胃口、社交孤立、抑郁，甚至自杀。它的主要结果是使你灰心。你失去动力、希望和与人交往的意愿。你无法看到生命的意义，想不到能采取什么行动来改善状况。不是每个创伤都会导致溃败反应——只有当你感觉被环境打败或遭到社群拒绝时，它才会产生。换句话说，就是你认为无计可施，也没人会在乎的时候。和听上去的一样恐怖，溃败反应是大自然清除你的方式，以避免你消耗公共资源。

和或战或逃及照顾与友善反应一样，溃败反应存在于每个社会种群。但从进化论观点看，它绝对是最后一招了。因此，当开始失望的时候，我们需要某种本能来应对，即使无望的时候还能投入地生活。那个本能就是照顾与友善反应，或者欧文·斯托布称为的“利他源于痛苦”。痛苦的时候帮助别人，就阻止了溃败的恶性循环。就像9·11恐怖袭击时在世贸中心为救援人员提供食物的一位妇女说的那样：“我很骄傲能做点儿什么……这很奇怪，你特别想做些事情，然后发现，想做的就是帮助别人。”

研究发现了大量案例，助人能降低个人危机后的无助感。以下是一些例子：

- 自然灾害后的志愿者，报告说感觉更乐观，有力量，较少不安、生气和无助。
- 配偶去世后，照顾他人能降低抑郁。
- 自然灾害的幸存者，如果能立刻帮助他人，会较少得创伤后应激障碍。
- 长期患病的人，成为病友的顾问，能缓解痛楚、无力感和抑郁，增强意义感。
- 恐怖袭击的受害者，当找到助人的方式，会降低幸存者内疚，找到更多意义。
- 经历了致命疾病的人，做志愿者的话，会体验到更多希望，更大意义感，更少抑郁。

助人不只转化痛苦的心理影响，它还能抵御严重生活压力对生理健康的危害。实际上，助人似乎能消除创伤事件对健康和寿命的影响。

在一项开创性的研究中，布法罗大学的研究人员对1000名介于18～89岁的美国人，进行了为期3年的跟踪。每年，研究人员都会询问参与者的压力生活事件，他们对当年发生的重压感兴趣，像家庭危机、财务问题或亲人去世。工作人员还会问他们将多少时间回馈给社区。是否在学校董事会或教堂委员会服务，是否做改善社区的事情，如照顾花园或做鼓励献血的志愿者，最后，工作人员问及参与者的健康，是否被诊断出新的疾病，不是感冒这样的小病，而是像背痛、心血管疾病、癌症和糖尿病这样的严重问题。

那些没有以某种方式服务社区的人，每个生活压力事件，如离婚或失业，都会提升患病的风险。但那些规律奉献时间的人，没有这个问题。于他们而言，压力事件和健康无关。

同一群科学家，做了另一个研究，这次是看助人对寿命的影响。研究人员跟踪了底特律地区的846名男女5年时间。研究开始，他们问参与者过去一年经历了多少重大负面事件。还问他们在自己的生活之外，花多少时间帮助朋友、邻居和家庭成员。在接下来的5年，研究者查讣告和官方死亡记录，看谁去世了。

再一次，关怀创造了韧性。那些不习惯助人的参与者，每个重大压力事件会提高死亡风险30%。但以自己的方式助人的参与者，完全没有与压力有关的死亡风险。实际上，即使经受了好几次创伤事件，他们和完全没有重大压力事件的人，死亡风险相同。看起来他们彻底得到了保护，没受压力负面结果的影响。

现在，不是说关怀他人会不死或不生任何疾病。助人不会令你长生不老，也无法使你避免所有事情。但它会保护你免受压力伤害。在这两个研究中，无论男女，不管种族和宗教，也无关年龄，关怀别人都有益处。尽管压力会提升疾病和死亡风险的论调极为普遍，但对那些采取照顾和友善方式生活的人，这不正确。

这听起来挺振奋人心，尤其是如果你已经规律地做志愿者，从奉献中得到了巨大快乐。但如果你在压力下的本能不是这么利他怎么办呢？如同我们看到的，面对压力时，人们会有不同的倾向。如果你不是个天生的照顾与友善者，还能从助人中受益吗？

答案是一个响亮的Yes。布法罗大学的一项研究通过搜集参与者的DNA样本来回答这个问题。研究人员观察了影响人对催产素敏感程度的基因，及鼓励照顾与友善反应的神经荷尔蒙的变化。工作人员最初怀疑对催产素更敏感的人，会从回馈社区中受益最多，但结果恰恰相反。那些在基因上缺少照顾与友善反应的人，从亲社会行为中得到了最大健康益处。

科学家推测关爱他人能启动催产素系统，即使你的基因倾向缺少照顾与友善反应。这和面对挑战时你的行为可以改变缺失的压力反应是一致的。助人的行动，无论是自发的，还是仅仅与更宏大目标相联结，将开启抗挫能力的生理潜能。

## “植根社区，随时服务”

关怀与抗挫力之间的联系，为帮助那些经受严重压力或创伤的人，提供了一个有趣的可能性。帮助这些个体——常常被标签化为“危险人物”的最佳方式，也许是将其从受害者转化为英雄。

位于加利福尼亚州阿拉米达的EMS集团，就采用这种方式推行了一个项目，培训贫困的年轻人成为社区的急救员。许多学员生活在特贫地区，那里60%的孩子没念完高中，有些还无家可归。他们常常被当作社区的威胁，走在街上或者进入商店，人们都视其为流氓、犯罪和暴力的一分子。缺少机会，又感觉不被自己的社区欢迎，很容易把这些年轻人推向溃败反应。最终，有些人真的成为社区的问题，就像人们最初把他们当作的一样。

亚历克斯·布里斯科对这些年轻人持不同观点，他是阿拉米达城市健康服务中心的总监。“同样是这些被视为对社区毫无贡献的年轻人，实际上并不是问题，”他说，“他们恰恰是解决方案。”

EMS集团的口号是“植根社区，随时服务”——决定要改变社区对这些年轻人的看法，以及他们如何看自己。除了学习如何急救，青年们还被安排工作，去提升公共健康。比如，他们提供免费汽车座椅安全检查，挨家挨户为街坊测血压，进行心血管健康教育。有一次，做完这些，学员们在伯克利一条人行道上闲逛，谈论着今天的经历。一名EMS集团的年轻人说：“能给他们提供建议，感觉真好啊！”

职业培训结合辅导，是想帮助他们经由助人确立自己的身份。这不光是教他们当别人有危险时如何反应，而且是用该角色发展勇气、品格，还有承诺。就像在一次集体辅导课上，一个学员说的那样：“我知道了自己的潜力，我知道了自己是谁，我知道了可以成为谁。”2013届的一个毕业生，回忆培训对他的影响时说道：“我有机会成为真正的超级英雄。”毕业生们都挺成功，75%的人在救援领域找到了工作，许多人上了大学。这在年轻人失业率高达70%的当地，是令人瞩目的成果。

研究表明，这类干预帮困难人群助人，还可以减少贫困和长期压力对健康的消极影响。在一项研究中，加拿大不列颠哥伦比亚省一所农村高中的学生，被随机分配到小学里，每周做1小时志愿者。这些十几岁的孩子大都是贫困少数族裔的学生，在家里承受着很大压力。他们的志愿者工作，是帮助小学生完成家庭作业、体育、艺术、科学，或者烹饪。10周之后，做志愿者的学生，心血管健康方面有了提升——胆固醇和两项炎症指标，白细胞介素-6和C-反应蛋白都有所降低。而控制组没有变化。

研究人员还想知道是不是哪些心理变化能够解释生理的改变。同情心与助人意愿提高最多的学生，胆固醇和炎症水平下降最多。志愿工作还提升了孩子们的自尊，但更高的自尊不是源于健康的提升。志愿工作的保护效果，源于照顾与友善思维模式。

基于关怀的项目，甚至成为治疗创伤后应激障碍的手段。比如说，马里兰州布鲁克维尔的战犬联合会，就招聘患创伤后应激障碍或创伤性大脑损伤的战士，为其他老兵训练服务犬。这些战士和犬紧密联结，同时服务于更大的使命——帮助受伤的战士。参与该项目的老兵，在抑郁和侵入记忆程度，以及用药量上都有所降低——而意义和归宿感大增。

经常这样，那些贫穷的或遭受慢性的、创伤压力的幸存者，看起来仅仅是受害者，他们被自己的经历摧残而帮不上什么忙。讽刺的是，如果让接受者感觉自己是所在群体的二等公民，强化这种观点的干预措施，完全弊大于利。识别幸存者的优势，将其当作资源，可以有效对抗总把自己当成可怜虫的心理魔障。

## 从掠夺者到保护者

> 我握着他的手，为之祈祷："痛苦和艰难都会过去。"我给他戴上帽子，盖上毯子。他喜欢体育，我把电视调到了ESPN台。在离开前，我吻了下他的额头。

描述这段关爱瞬间的男人，不是患者的家属，也不是护士。他是宾夕法尼亚州劳教所的犯人，在照料一位濒死的同伴。宾夕法尼亚州立大学研究院苏珊·勒布听过数十个这样的故事，她在研究监狱里的临终关怀。

要问在哪儿发现照顾与友善本能的可能性最小，州立监狱肯定会上榜。监狱生活需要生存心态。许多犯人在严苛环境下长大，自我防卫，而不是利他。他们要么没有得到过持续的关爱，要么没有慈悲的榜样。

然而，就像勒布记录的，在给犯人提供关怀他人机会的监狱里，慈悲心也会生长。她访谈那些在州劳教所给濒死犯人提供临终关怀的男犯人，他们的年龄从35到74岁不等。多数关怀都是一周7天，24小时服务，工作从铺床到换尿布。他们通过交谈、祈祷、握手、帮患者准备家人探访等方式提供情感支持。他们也保护临死的犯人不受其他犯人的欺凌，并做他与劳教所官员的中间人。他们让犯人在生命尽头更舒服一点儿，为其守夜，还帮医护人员处理死后事宜。

他们参与的原因和你在监狱外能发现的同样崇高：需要机会做些好事，他们想要制造不同。他们知道有一天会和濒死的犯人身处相同的境地。一个犯人护理员被某段记忆深深驱动，他听到监狱护士对将死的囚犯说出了这几个字：“准备下地狱吧。”犯人们希望，每个人在最后时刻，都得到善良而有尊严的对待。

犯人护理员几乎没有报酬，也得不到特别福利。你或许会猜这将降低他们的参与兴趣，但效果恰恰相反。没有额外福利，犯人们真正地把自己看作富有同情心的护理员。就像一个人在匿名调查里写的那样，对他而言这很重要：“不是因为会获得掌声或得到证书才奉献自己的时间。去爱别人，仅仅因为这是对的。”当被问及“关于监狱的临终关怀和你的志愿工作，人们该了解和知道的最重要的是什么”这个问题时，最普遍的回答是，希望人们知道：他们帮忙是因为真的在乎。许多护理者说关爱使他们表现出真正的自我。一个人告诉勒布：“以前，我是掠夺者。现在，我是保护者。”另一个说：“我发现了一些我曾经以为失去了的东西。我不是一件被丢弃的东西，我可以有所奉献。”

照料他人还转化了犯人的服刑体验。虽然自己是提供同情心的人，他们目睹了临终犯人接受关怀。这转变了他们对监狱系统的看法，以前觉得非常专制，现在，至少以这种方式，尊重了人性。犯人的贡献，最终改变了他们对监狱系统的体验。从这一面看，犯人成了自己奉献的受益者。

就像苏珊·勒布告诉我的，听到犯人临终关怀：“人们往往说‘这怎么可能？这完全行不通’！”我也听到过这类猜测，不是来自监狱管理层，而是来自普通人群，他们觉得自己的同事、学生或其他群体没兴趣照顾别人。然而，和照顾与友善反应联结的益处，不仅仅局限于那些有慈悲传统的地方和人群。如果有机会，身处困境的人常常乐于助人。

如果说所有这些研究和故事都有共性的话，那就是助人的本能，是我们生而为人的一部分。慈悲不是轻松生活的人的奢侈专属品，也不仅仅是圣人和殉道者的职责。关爱能创造韧性，提供希望，甚至是在最意想不到的地方。

## 当你在痛苦中感到孤独

几年前，在从百货商店往家走的路上，我听到有人喊我的名字。我转过身，看到一个斯坦福大学的毕业生在朝我挥手，并跑过来。我不太了解她，因为上课时她总是待在教室后面。我本想简单和她交换个“嘿，你好”，然后继续走自己的路。可来到我面前，她竟哭了。我吓了一跳，抱住她，问她怎么了。“我很孤独。”她说。接着，她告诉我一些伤心的事情。“你总是看着那么幸福。我不知道你是怎么做到的。”

这个学生只看到了我的一方面——教书。在那个角色里，我自己的痛苦鲜为人知。当然，像她一样，我知道孤独为何物。学生时代，我也有过痛哭的日子，因为想要快乐却不知道如何获得。实际上，我还记得在斯坦福大学的第一个感恩节——一直忙着工作，在学校3个多月也没交朋友。感恩节当天，校园空空荡荡，我一个人在街上散步，找不到任何营业的地方去喝杯咖啡或者填饱肚子。当我走回校园公寓的时候，天已经黑了。路过学生会时，我看到一群学生围坐在桌旁，中间是感恩节大餐。我清晰地记得，望着那扇窗户，我感觉自己是当天校园里唯一一个孤单并孤独的人。现在回首，我知道那是不对的。但有时候，如果身边缺少支持系统，很容易觉得自己是唯一苦苦挣扎的人。

痛苦中的孤独感，是转化压力的最大障碍之一。当你感到孤立、缺乏联结，更难去采取行动，或者看到情境中的任何好处。它也阻止我们向别人伸手，获取帮助或者得到助人的益处。讽刺的是，世界上可能没有比压力体验更普遍的事了。没人能不经历生理痛苦、失望、生气，或者损失就度过一生。具体情况可能不同，但这是作为人的基本体验。当你经受痛苦时，要记着这一点。

## 孤立思维或是基本人性思维

读下面四句话，思考哪一组更符合你的情况：

· 情绪低落时，我有觉得别人都比我幸福的倾向。

· 苦苦挣扎时，我有觉得别人一定比我轻松的倾向。

· 情绪低落时，我提醒自己，世界上还有很多人和我感觉相同。

· 当事情不顺，我会把困难视为所有人都会经历的生命的一部分。

这几句话摘自于心理学家称之为基本人性的测试——你将自身痛苦看作人类一般状况的程度。前两项反映的是孤立思维，而后两项展示了即使在最黑暗时刻你与人联结的能力。重要的是，这两种思维模式有非常不同的结果。在压力下感觉孤独的人，更容易抑郁，依赖逃避性应对策略，包括否定、放弃目标，及试图逃避压力体验。他们更不愿意将压力和痛苦告诉别人，也就更少得到需要的支持。这使其更坚信，在困境中他们是孤独的。

相反，将痛苦理解为人生一部分的人更幸福、更有韧性，对生活更满意。他们更愿意公开自己的挣扎，更乐于接受他人的帮助。他们也善于在痛苦中找到意义，较少有职业倦怠。然而，尽管意识到基本人性有益处，人们通常会低估别人的压力，高估别人的幸福。这不仅适用于陌生人，对邻居、同事，有时甚至是熟悉的朋友和家人也是这样。在《正念力打败焦虑》一书中，心理学家苏珊·奥斯鲁和莉莎白·罗默描述了这个基本发现：

> 我们经常通过别人的外在，来判断他们的内在，因为那是能看到的全部。但往往我们会惊讶地发现，某个同事有自杀想法，一个邻居有酗酒问题，或者街角那对幸福的夫妻有家庭暴力。当你和人们一起坐电梯，或者在商场愉快交流时，他们看上去平静、可控。外在的表现不总是反映内在的挣扎。

因为别人的痛苦很少被我们的双眼看到，我们就得出结论，自己很孤独。

研究表明，流行的沟通模式导致了这一错误认知。人们往往被鼓励展现生活的积极面，宁愿或者屈从于压力，在社交媒体上发布好消息、幸福的照片和耀眼的人生里程碑。虽然多数人意识到了自己的这个倾向，但低估了他人表现积极面的程度。所以你滑动鼠标浏览着朋友和家人发布的欢快信息，琢磨着为啥自己的生活相比他们的乱成一团、令人失望且艰难。这个错误认知导致了更大的孤立感和生活的低满意度。研究表明，花时间浏览社交媒体，包括Facebook，会提高孤独，降低满意度。视自己的生活比别人的悲惨，这个倾向可能是原因之一。

那么，如果面对问题时你通常会感到孤独，如何找到基本人性思维呢？我在自己的研究中探索了这个问题，我们在斯坦福中心开发思维干预措施，进行慈悲与利他研究。我发现想在压力下减少孤独感，可以做两件事：一是提高对他人痛苦的认识，二是对自己更加开放。

## 让不见可见

有一个提升基本人性的练习，我称之为“让不见可见”。我要求房间里的每个人在纸条上写下一件一直挣扎、现在也持续影响他们的事，但没人可以仅凭外表就能了解。

写完后，我把纸条收上来，混在一起放进袋子。大家站成一个圆圈，每个人轮流从里面抽出一张纸条，大声朗读，就像是自己写的一样。“我身上特别疼，很难待在房间里。”“我唯一的女儿，10年前去世了。”“我很担心不属于这里，如果我站起讲话，所有人都会意识到这一点。”“我又犯了酒瘾，每天都想喝一顿。”

做这个练习，在很多层面上都有意义。首先，因为纸条是匿名的，不可能知道是谁的。如果不作弊，每个人随机抽出的纸条，真的有可能是他自己的真实故事。其次，它令这些之前不可见的痛苦可见了。它之前就在房间里，但因为没讲出来过，就没人意识到。不可见性，使得个人感觉很孤立，一旦说出来，就成了基本人性的提醒。无论何时，在任何特定的努力中我感到孤独时，我就试着回忆站在其中一个圆圈里的感觉，敬畏以前看不见的痛苦的出现和他人的力量变得可见。

你不需要在团体里做这个正式练习，才能从背后的思想受益。任何时候身处团体，你都可以想象哪些是不可见的。最近在圣弗朗西斯科格莱德纪念教堂，我听了牧师凯伦·奥利韦托的布道。她给出了同样的建议。“生活对谁都不易，”她提醒教众，“如果你觉得能够拥有坐在前面那家伙的生活就好了，这很荒谬——你对他的生活一无所知。事实是，那个人承受着你无法相信的痛苦。每个人都有头疼之处，都被自己的苦难折磨，都被生活的需求淹没，再也承受不了另外的打击，否则就会崩溃。”

我常对自己说这句话，以记住这个事实：“和我一样，这个人知道痛苦的滋味。”“这个人”是谁不重要，你可以在街上随便抓一个人，走进任何一间办公室，或者任何一个家庭，无论遇到谁，这都是事实。就像我一样，这个人有自己的困难；就像我一样，这个人知道何为痛苦；就像我一样，这个人想对世界有所贡献，同样知道失败的模样。你不需要问他们你猜没猜对，如果他们是人，你就是对的。我们需要做的，就是选择看到。

## 手术前无眠的夜

我的学生辛西娅，在医院做一个常规手术。手术前夜，她无法入眠。手术需要全身麻醉，辛西娅很紧张自己被放倒在那里，担心所有无法掌控的事情。作为一名母亲，她脑子里萦绕的都是手术失败的画面。既然睡不着，担心也没什么用，辛西娅决定试着想想基本人性。

首先，她想了想手术本身和自己的焦虑。接着她开始想那些同样面临医疗程序的人和他们的紧张。那些明天不得不开始新一轮化疗的人，那些根本不知道能否被治愈的人，那些没有保险、排队等器官移植的人，或要参加医疗实验的人。她想到了无数和自己境况相同的人，感觉到与他们的联结。

接着，辛西娅想到当下的体验——因为担心无法入眠。她知道有很多人大概这时候也醒着，被害怕或失败的想法困扰。有多少人，第二天早上不得不起来做不想做的事啊？不光是手术，任何事情：考试、一个艰难对话、埋葬爱侣。躺着睡不着，还有感觉到的孤独，让辛西娅和有同样经历的人产生了联结。她被别人的勇敢震惊，觉得自己的勇气也在生长。她选择了“愿每个人都找到勇气”这句话送给所有人，包括自己。第二天起床，辛西娅有种感觉，她是众多人中的一员，是一群人的一部分，她选择面对今天的挑战。

## 转化压力：化孤立为基本人性

当你在痛苦中感觉孤立或孤独时，试着和基本人性进行联结。

最初，想到自己的状况时，允许自己感受任何想法和情绪。承认背后的所有痛苦：焦虑、生理疼痛、生气、失望、自我怀疑或悲伤。

然后思考这些痛苦是基本人性一部分的可能性。像你一样，无数的人都知道痛苦、遗憾、悲伤、不公、生气或害怕的滋味。这有助于你想到一些例子——那些和你的不同，但包括同类痛苦或压力的情况。允许自己对这些人抱持同理心——理解他们身处其中的感受。

我想用一句能概括共同经历的话结束这个反思。我最喜欢的是“愿每个人都找到勇气”。我学生喜欢的句子包括“愿我们找到平和”“愿我们相互支持共渡难关”“我们并不孤单”。这样，你会经由感觉到联结，带进一些希望和勇气。

## 创造你想要的支持性社群

母亲死于肺癌时，列侬·弗劳尔斯21岁。家人去世彻底改变了她的生活，当大学毕业搬到加利福尼亚州后，她发现很难和人提起这件事。认识她妈妈的人，都在国家的另一头儿，每当她提起妈妈的去世，都得不到一两句回应。许多人找理由离开，其他的换上遗憾的表情。嘴唇轻咬，眉头紧皱，头微微摇动，接着总是那几个字："我很难过。"弗劳尔斯感觉很疏远，觉得自己是令人不爽的包袱，或者是可怜的东西。于是，她学会把悲伤留给自己，虽然感觉像是隐藏了真实自我的一部分。

在她25岁的一天，弗劳尔斯和卡拉·费南迪斯一起找房子。费南迪斯是弗劳尔斯的同事，两人已经做了几个月的朋友。不知是什么原因，费南迪斯没了父亲。对两个女人来说，这真是一个很大的共同点。然而，两人都如此擅长回避这个话题，以至于几个月后双方才知道有如此相同的经历。

对于两个因为伤痛感到疏离，又很少分享自身故事的女人来说，这真是个顿悟时刻。费南迪斯决定搞一次聚会，召集认识的失去父母的年轻女性。她们发出四份邀请，都被接受了。费南迪斯根据家庭食谱准备了西班牙肉菜饭，以纪念自己的父亲，他是西班牙人。女人们坐在地板上边吃边聊，直到凌晨2点。

这是2010年，是第一次晚餐聚会。那之后，晚餐聚会变得越来越有名，纵贯全美。每次聚会的组织者都是失去亲人的人，对所有想要找个安全的地方、谈谈家人去世后情况的人，都开放。弗劳尔斯和费南迪斯以草根组织的身份，联合创办了晚餐聚会，帮助那些感觉孤立的人建立自己的社群。通过网站，她们给主人和客人做中介，还提供聚会指南，以建立一个能进行安全、诚实交流的环境。

每次晚餐都是家常便饭，最多10个人，许多人都是初次见面。聚会鼓励客人带一道菜来，这样能够开启关于逝去亲人的对话：姐姐最爱的千层面；每年结婚纪念日妻子烤的蛋糕；生病时，爸爸习惯为你煲的汤。主人会在晚餐期间温和地引导对话，给客人们留出时间与空间，回忆任何他们想谈论的东西。有欢笑，有眼泪，也有沉默。晚餐结束时，每位客人都会回顾，从谈话和聚会中，自己收获了什么。

最近，该群体又开始组织晚宴，把经历痛苦的人和想要更好支持他们的人聚在一起。在这些活动上，客人们分享故事，讲述失去亲人后，人们做的哪些事情真正支持了自己。人们询问爸爸的生活，不光是他的去世。人们一直打电话，尽管我不回复。人们和我一起缅怀我老公，不担心提及他的名字。人们没有淡出我的生活。这些故事——在聚会上谈及，如今已经分享到网络——成为那些想帮忙又不知从何做起的人的资源。

对于弗劳尔斯，创立晚餐聚会起到了出乎意料的作用。“失去亲人使人麻木，”她告诉我，“人们从对别人有价值中找到价值。之前我随波逐流，通过晚餐聚会我澄清了人生目的，这对我的影响十分深刻。”

那些需要联结、支持和关怀的人，往往认为得等着别人主动前来，提供那些东西。你能做的，最有益的思维转化之一就是，视自己为资源。晚餐聚会就是个例子，它成为支持性社群的起点。她们希望可以更轻松谈论失去，也想让别人能更开放地与她们交流。于是，她们开启对话，为自己和他人创造了开放社区。

虽然迈出第一步会很恐惧，选择开始是建立支持性社区最佳的方式。研究表明，当你有意识地转移焦点去支持别人，最后会收获更多的支持。当你努力表达感恩，最后会收到更多的感谢。当你走出自我让别人有归属感，你会成为社群中重要且被珍惜的成员。

我的学生艾丽尔告诉我，通过鼓足勇气公开谈论自己的痛苦，她找到了一个更具支持性的社群。12年前，她的13岁女儿告诉艾丽尔自己是个男孩。这份宣告像一枚炸弹，炸得她晕头转向。艾丽尔和她老公花了好几个月才搞明白发生了什么。有那么一段时间，他们试图自己搞定这件事。可是当两个人决定支持女儿完全变性为男孩时，他们发现关于变性，需要学习的太多了。

艾丽尔成为变性儿童父母社群的成员，她开始在人前发言。不久，她开始支持其他父母。这是个相当棒的将个人苦难化为联结机会的例子。但最震动我的是，艾丽尔说她将故事公之于众带来了未曾期望的结果。不久，全镇的人开始分享那些之前出于羞耻和孤立感而隐藏的家庭事件。“人家公开了各类使人不悦的秘密，分享了他们是如何应对的。”艾丽尔告诉我，“勇气是传染的，这是真的！”（补充下幸福的后记：她的儿子，艾丽尔骄傲地自夸，去学护理专业了。）

当你在压力或痛苦下感觉孤立，想想你最期望什么。如果你想体验些东西，或者希望找到有助的社群，你能作为起点，为他人创造吗？那些承认自己缺乏勇气的人——首先看看如何支持他人，用自己的给予作为联结的起点——最终获得了更多的社会支持。就像联合创立晚餐聚会的弗劳尔斯和我的学生艾丽尔一样，承认自己的困难，结果收获了更多的东西。她们在困境中较少孤独，并成为关爱群体的中心。

## Sole Train：实现不可能

我站在马萨诸塞州剑桥市的休伦大街上，看着选手们冲过5英里终点线。那是一个阳光灿烂、有风的4月上午。

一群十几岁的孩子站在街道的另一边，穿着统一的蓝色T恤，上写“Sole Train”。每当有身穿蓝色T恤的选手接近终点，他们就欢呼雀跃。“过来，过来！”这些孩子已经完成了比赛，但聚在一起支持他们的队友。最快通过终点的是35分22秒，到1时09分09秒时，最后一名选手出现了，踉踉跄跄地保持着平衡。她的一左一右，各有一名身着蓝T恤的选手，每人放一只手在她的背上。我认出那两个选手是“Sole Train”队刚刚完赛的选手，他们又跑回去，寻找有困难的队友。他们支撑着女选手的后背，当她跨线的瞬间，路边的人群迸发出欢呼声，仿佛她赢得了比赛。

看着这些选手，我心怀喜悦。真希望自己是其中的一员，而不仅仅是当天的旁观者。“Sole Train”是一个跑步和辅导项目，由三一波士顿基金会支持。娜塔莉·斯塔瓦斯将我介绍给这个团体，她就是波士顿马拉松爆炸事件后救人的那位医生。观看5英里比赛时，我对该项目了解不多。但它很快成为我最喜欢的案例之一，用于解释照顾与友善文化如何在困境中提升抗挫力。

杰西卡·莱弗勒是“Sole Train”的总监，她于2009年开始了这个项目，之前她通过三一波士顿基金会，为高危青年做顾问和艺术治疗师。2007年，参加芝加哥马拉松时她萌发了“Sole Train”的想法。那次天特别热，半数选手都退赛了。警察们对着马拉松选手狂吼：“你们必须停下来！”可莱弗勒一直坚持。那次极其困难，但也是一次难忘的经历。奔跑中，她一直在想工作中接触到的孩子，他们生活在贫困的社区，机会渺茫。莱弗勒想，这样的经历——为马拉松而训练，做些从没想过的事情，没准儿适合他们。

1年之后，她邀请一些孩子参加半马训练。没想到一时的心血来潮，演变成了一个完整项目。当地学校和社区组织推荐了150个孩子，40名成年人愿意做志愿者，陪着孩子训练。该项目的使命是“颠覆不可能”。莱弗勒发现与她一道工作的孩子们认为很多事情都不可能，从摆脱暴力到大学毕业。“做到一些你从未想过有可能的事情，会让所有事都变得可能。”她告诉我。

“Sole Train”最突出的特点，是孩子们实现不可能的方式。每件事都包含社区和相互支持。每个选手的目标，不仅仅是自己完赛，还要帮助每个成员跨过终点线。（我观赛那天，孩子们甚至鼓励我去跑，尽管他们从没见过我，我也没穿比赛服。）“如果你想和自己竞争，那很好，就设定目标吧。”莱弗勒说，“但永远不要和别人作对。”通过将消除竞争作为主要目标，训练过程变成了强化更宏大目标的思维干预。

我看到该思维模式应用到实践了。比赛之前，“Sole Train”的选手聚在举办赛事的社区中心，站成一圈。一个孩子带着大家做了会儿瑜伽。拉伸之后，一个年轻姑娘走进圆圈中央，与大家击掌。上路之前，他们靠得更近，将胳膊环绕搭在相邻人的肩上。莱弗勒给予了重要赛前指导，接下来，每个选手轮流说一件他要为团队带来的东西，以及希望从团队得到的支持。“我把决心带给每个人。”一个选手说。“我需要的是有人慢慢跑，陪在我身边。”另一个说她会贡献又大声又疯狂的欢呼，感到疲惫时，需要别人的幽默支持其前行。还有一个会带来速度，于是他可能是你冲线道路上想要超越的家伙。

年轻队员除了相互支持，还给成年导师们加油。许多导师从没跑过步，体形很糟糕。训练或比赛时，他们和孩子一样需要鼓励。其中一个导师，内特·哈里斯说，“Sole Train”项目里，搞不清谁在辅导谁，“他们好像也有东西给你”。上了岁数的律师和医生与年轻人跑在一起。在路上，穿着运动鞋和运动衣，他们就是普通人，挣扎着将一只脚迈到另一只脚前面。莱弗勒说项目的这部分——让高危青年与社区领袖平等——是她见过的最有疗效的干预。

“Sole Train”采取的方式——通过培养与人联结的思维激发个人可能性——是有研究支持的。感觉有人支持，使身为更宏大目标一分子的学生，更容易相信通过艰苦工作和他人支持，可以提高自己的能力。相应地，他们更愿意接受挑战，而不是放弃。对许多年轻成员，“Sole Train”证明了他们的潜力。一个孩子把所有比赛的号码牌钉在卧室的白板上，这样每天醒来，就可以激励自己。

所有选手完成5英里比赛，莱弗勒召集大家，再次站成一圈。所有人又把胳膊搭在相邻人的肩上，尽管5英里后大汗淋漓。每个人分享自己的感受。“我很痛苦，但我很享受这份痛苦。”一个孩子说。另一个说：“我很开心我完成了——很开心我们都完成了！”一个成年选手分享：“我很荣幸，成为如此伟大社群中的一员。”感恩在继续，这些话都反映了联结思维。赛后的小会在莱弗勒的表扬中结束：“我希望你们看到自己有多厉害！有这么棒的团队支持，你的一切都有可能。”

观察了一上午，最令我震惊的是，孩子们完全没有冷嘲热讽。他们看上去对社区日常活动衷心拥护。这些孩子令我不由自主地想起斯坦福大学那些最棒的大学生。他们表现出领导力、善良，还有自律。他们自信地与成年导师交流。我真想花更多时间和他们待在一起，了解每一个人。

令人吃惊的是，许多“Sole Train”的选手，都在波士顿一所被称为“最后希望”的学校上学，那里90%的学生都在接受创伤后应激障碍治疗。参加“Sole Train”前，有些孩子醉醺醺地挣扎着去学校。现在，他们早上7点集合跑步。在一个能力被认可和需要的环境里，他们健康成长。

## 最后的想法

一天晚上，当我走进“压力新科学”课堂，发现讲台上有一份报纸。一个学生让我看一篇题为《压力：具有传染性》的文章。文章声称压力“和空气中的病菌一样传染”，其毒害性堪比二手烟。一位专家谈论了某项研究，说被动观看他人受苦时，人们也会有压力反应。“压力很容易传递，这令人震惊。”那个专家说。另一名专家规劝读者别做“压力携带者”。后来我在网上发现了一篇文章，描写的是同样的研究。标题是《二手压力是不是在伤害你》。

我很好奇，这些文章不仅强化了“压力有毒”的思维模式，而且还增添了另一层恐惧：和有压力的人待在一起，你会受到压力毒害。你自身的压力也会伤害周围的人。

我把这篇文章的一部分读给学生，问他们收获了什么。学生们的第一反应是“孤立你自己”，然后是“如果有压力，藏在心里，别和他人分享”。课程在继续，得到的反映是一致的：远离痛苦的人。别被周围有压力的人传染。别和他人分享压力，那样会成为别人的包袱。

在媒体上读到的，所有压力会杀死你的骇人故事中，这篇是最令我悲伤的。因为如果你采取了学生们从故事中学到的策略，你就将自己与两个最重要的抗挫折资源隔绝了：了解痛苦中的自己并不孤单，你能帮助他人。

压力的社会本质，不是需要害怕的东西。就像我们看到的，关怀创造韧性，无论利他行为是从痛苦中自我拯救，或仅仅是对他人痛苦的自然反应。对别人的苦难采取更富同情心的反应，能激发同理心，驱动助人行为，反过来也能提升自己的幸福。更进一步，我们不必担心让外人看到我们正在挣扎的事实——尤其是需要他们支持的时候。很多时候，我们的透明是一份礼物，让别人感觉并不孤单，给他们机会体验照顾与友善的益处。

第六章

# 幸福成长：痛苦使你坚强，即使痛苦正当下，未来尚模糊

花点儿时间，思考一段你生命中个人成长最快的时光——带来积极改变的转折点，或发现了新的目标。

当脑子里想到这段时光时，思考一下：你是不是也觉得那段时间很有压力？

当我在研讨会上问出这个问题，几乎所有人都举手表示同意。是的，那段带来个人成长的日子，的确也很有压力。这是压力悖论：虽然想过压力更少的生活，但恰恰是艰难的时刻，激发我们成长。

痛苦使人成长这个想法并不新鲜，几乎包含在每个主要宗教和哲学里。它甚至变成了一句陈词滥调：“杀不死你的，都会令你强大。”最新的科学研究支持这种说法。比如说，当被问及如何应对生命中最严峻压力时，82%的人说从过去的挑战中汲取能量。即使最不受欢迎的经历，也能带来积极改变。痛苦能创造韧性，创伤往往激发个人成长。

重要的是，研究表明，选择看到压力的这一面，能够帮助你学习和成长。想从压力中找到进步的勇气，你得相信能从痛苦中获取益处。你还需要看到，并庆祝自己的积极改变。然而，当你真正经历困境、艰难到“杀不死你的，都会令你强大”的程度，你往往不太容易看到处境的积极面。

这一章里面的科学、故事和练习，将帮你培养成长思维——识别压力状况下人的自然成长能力。我们将探索如何发现这种能力，即使在很难看到希望的情况下。这个过程中，故事会唱主角，我们认为，如何听故事，如何讲故事，能帮助你发现痛苦的意义。

从头到尾，我们会反复看到一个重要主题：痛苦经历的好处，并非来自压力或创伤事件本身；它来自你——来自困境唤醒的力量，来自化艰难为意义的人类自然本能。拥抱压力的一部分，就是要相信这个能力，即使痛苦正当下，未来尚模糊。

## 杀不死你的，都会令你强大

在布法罗大学心理学家马克·西里的办公室内，用镜框保存着一张印着32分的艾奥瓦州的邮票，上面是格兰特·伍德1931年创作的画《嫩玉米》。虽然在布法罗生活了十几年，已经将其当作自己的家，西里还是经常看这幅画，因为里面绵延的山丘和玉米地，提醒着他来自何方。

对人过去的研究，占据了西里工作的核心部分。2010年他写的题为《杀不死我们的事》的争议文章，令其声名大噪。文章里，他对广为流传的创伤事件总是提高抑郁、焦虑和疾病风险的信念，提出了挑战。相反，他证明负面生命事件实际上能保护我们。他声称，痛苦可以创造韧性。

这个令人惊讶的发现来自一份研究，该项目跟踪了2000多名美国人4年。这是一份全国性代表样本，意味着年龄、性别、种族、宗教、社会经济地位，以及其他人口特征都是全美国的微缩版。作为研究的一部分，研究人员询问参与者是否经历过37种不同的消极生命事件，诸如重疾或伤害，朋友或爱人去世，重大财务困难，离婚，生活在不安全的家庭或社区，身体或性暴力受害者，火灾或洪水等自然灾害幸存者。每一类事件，参与者可以报告不止一次。平均来说，参与者经历过8次这样的事。8%的参与者没有经历过任何一次此类事件，经历最多的数字是71次。

为测验痛苦的长期影响，西里想看看经受创伤事件的次数能否预测他们4年内的幸福指数。一种可能性就是直接而负面的关系：坏事越多，人们越不幸福。相反，西里发现了一个“U”形曲线，位于中间的人最好。经历中等水平苦难的人，抑郁风险最低，健康问题最少，生活满意度最高。极端的人群——困难水平最低或最高——更抑郁，健康问题更多，生活更不满意。虽然人们的理想是过没有痛苦的人生，而实际上没经受波折的人，不如体验了适量艰辛的人幸福和健康。事实上，过去没有任何创伤的人，对生活的满意度，远远低于那些经历过平均数量创伤事件的人。

在接下来几年的跟踪调查中，参与者被问到如何应对近来的压力。自从上次调查以来，他们经历过新的严重困难吗？如果有，这些事件对其幸福有何影响？新创伤事件的结果，取决于参与者的过去。相比较那些创伤经历少的人，有痛苦史的参与者，变抑郁或生病的概率更小。

无论男女，不管老幼，无关种族，痛苦都有保护作用。另外，效果无法由教育、收入、职业、婚姻状况，或其他社会因素的差异解释。无论人们最痛苦的经历是什么，都有机会令他变强大。

## 你是说我应该对痛苦说感谢

关于他的发现，西里收到的多数反馈都是积极的，包括许多感恩邮件，人们觉得过去的挣扎使自己更强大了。他们感谢西里的研究提供了一种方式，可以将自己经历的事情，描述给他人。

然而，西里的工作遭受过反对。最初他把论文提交给一个科学周刊发表时，一位评论员驳回了他的文章，说西里支持虐待儿童。评论员告诉西里："你说负面事件是好的，这很危险！"我只是把西里的发现描述给别人，也遭受了类似挑战。在一次论坛上，我在关于抗挫性的报告里谈论了西里的研究，有位演讲者公开批评我。他认为我在暗示那些被强暴、受虐待，或者其他事件的受害者应该心存感恩——创伤事件给了他们成长机会。

我把受到的挑战说给西里听，他表示理解，但拒绝解释。"我不过是看待它的方式不同而已。"他告诉我。这些负面事件，在发生之初，毫无争议是坏的，他解释说，没人能否认这一点。看到痛苦的消极面很容易。"微妙的部分在于，"他补充说，"也看到其他的。"

西里不是支持创伤。他只是想搞明白痛苦在人生经历中的作用。他理解，多数人宁愿把痛苦经历交还给宇宙。他也并不是建议我们停止逃避痛苦，以有更多机会发展抗挫力。虽然我们想逃避，但是不经历一些痛苦、损失，或者严重困难就想度过此生，是不可能的。如果无望摆脱痛苦，那么看待经历的最佳方式是什么呢？“反正已经发生了，”西里说，“你的生活就此毁掉？”他认为自己的工作给出了清晰的答案。“人们不是注定要被痛苦毁灭。”

在2010年发表富有争议的论文之后，西里把研究带到了实验室。如果痛苦真的能使人更有韧性地对待未来的压力，他想，他应该能够在压力情境下的行为中观察到这种韧性。有痛苦经历的人，会对疼痛或心理压力有何反应？他们的反应和以前受苦较少的人有差别吗？

如果你是西里抗挫力研究的实验品，你可能会经历这个：你走进实验室，被要求坐在一张塑料椅上，它会让你想起医生办公室。旁边桌上有一个大塑料桶，装满了冷至1℃的水。有多凉呢？想象一下人体组织在10℃时就开始僵住，低于5℃，水就变得极其凉，仿佛在灼烧你的皮肤。如果把全身浸没在这么冰的水里，不到1分钟，你就死翘翘。

实验员要求你把手伸进桶里，将手掌放在桶底印着的大X上。你的手和胳膊开始疼了。“我们希望你把手尽可能长时间地放在水里。”实验员说，“但是你可以选择停止。受不了时，你可以拿出来。不需要得到许可，停止也不用付出任何代价。”

一旦你的手放进水里，每隔30秒实验员就会问你两个问题：用1～10分来衡量，疼痛强度是多少？用1～10分来衡量，痛苦有多么受不了？一旦你把手拿出来，或者坚持到5分钟（再长就会导致永久伤害），实验就结束。

在这个研究中，西里对抗挫性的两个方面感兴趣：你能承受痛苦多长时间，它有多么困扰你。再一次，他发现了痛苦让人更有毅力的证据。不熟悉苦难的人，觉得寒冷最痛苦，最难以忍受，手拿出来得最快。那些面对过最多苦难的人，手待在里面的时间最长。

西里还问了参与者在实验过程中都想了什么。那些以前经历过较少苦难的人，更容易想这样的事情，诸如："我忍不住了，快点儿结束吧。""我觉得痛苦要打垮我了。""我觉得自己受不了了。""我觉得这会对我造成很大伤害。"这类想法——心理学家称之为灾难思维——不仅让困难体验更难受，而且会使人更容易放弃。在这个研究中，灾难思维解释了一个人过去的苦难与他忍受疼痛能力的关系。经受过一些困难，会让你较少产生灾难思维，给你更多的力量。

尽管该实验只展现了参与者如何应对压力的凤毛麟角，这些效果却可以在现实世界累加。举例说，在长期背痛的成年人中，那些经历过中等程度苦难的人，较少生理损伤，不太依赖药物，看医生次数也不多，在职场较少因为能力不够而被解雇。他们能更好地应对生理疼痛，较少让其干扰自己的生活。加入警队前经历过至少一次痛苦事件的警员，在跟进恶性事件时，表现出更大的韧性，比如目睹严重车祸或同事的死亡。他们较少创伤后压力症状，更容易看到伤害的积极后果，如对生命更感恩。当生活检验过你的勇气，你就知道能够应对下一个挑战，过去的经历就成了手中的资源。

出于好奇，我进行了生命痛苦事件测量，想看看我处于这些研究发现的什么位置。我——就像我的许多学生和作为健康心理学者一同工作的那些人一样——比西里研究中提到的理想状态，经受过更多的负面事件。根据他的发现，如果剥离掉一些生命事件和痛苦，我应该更幸福，或更健康。然而，尽管没有落在他的抗挫性理想区域，我还是发现这个研究令人振奋。认为每次困难都会削弱我和相信有些经历会让我强大之间，有很大区别。我发现，当身处特别艰难的时期，将过去的经历视为助我穿越当下危机的资源会很有帮助。

这是西里研究的核心。然而，有时人们会聚焦在“U”形的最右上端——在那里，人们经受了最多创伤事件，压力最持久。过去经历过最高程度苦难的人，相较经历较少痛苦的人，最容易抑郁，也有更多健康问题。一些反对西里工作的人把曲线的这部分解读为某个破坏点。似乎超过一定数量打击，你就废掉了。我问过西里，关于数据的解读。他同意这个说法吗？他是否把自己的研究当成重要转折点的证据——一定数量苦难有好处，但一旦突破某一点，你就崩溃了？

他的回应让我很吃惊。他拒绝了转折点这种解读，以及他的发现证明负面生命事件有一个理想数量这个说法。“我认为，以前毫无疑问是负面的事情，不一定一直有破坏性，那也包含希望的信息。这对任何人都适用，不管他自己在图上的什么位置。”

西里还告诉我，他的模型也没法对那些经历过极端痛苦的人做预测。他们经受的苦难，在图上根本没法反映。因为他们远远高于平均数，根本不可能估计那些痛苦带来的影响。有趣的是，他说，当你仔细研究，会发现他们未必是参与者里表现最差的。有些人做得相当好。“依然有空间，虽然有人经历了太多痛苦，还是能奋起，没有被彻底打垮。”他解释说，“我不确定是否总会发生，但相信这是可能的。”

## 培养成长思维

13名学生挤在沙发和椅子上，围坐在我面前，他们都是家里的第一代大学生。这是夏末，我们身处圣弗朗西斯科一个卖体育用品的地下室里，孩子们就要出发前往美国的各大高校，开始他们第一年大学生活。他们都是“ScholarMatch”的组织成员，该组织为圣弗朗西斯科海湾地区有潜力的学生提供大学咨询、奖学金和辅导。

我在那儿搞成功校园研讨会。那天，他们会收到很多实用建议，从个人理财到如何与教授互动。一两年前和他们坐在同一地方的大学生们，也将分享经验和智慧。但首先，我以成长思维开始一天的研讨会。

我开始给“ScholarMatch”的孩子们讲故事，谈的是斯坦福大学我最喜欢的学生。因为教心理学入门这个课好几年，有很多新生选修，所以我认识好几百名大一学生。路易斯很突出，这要从他第一次挂科说起。

每当有学生没有通过考试，我都会发邮件鼓励他们上班时间到办公室来。我告诉他们可以利用的资源、教学助理、学生辅导员，包括我自己。但是没有多少学生回应，大家只是保证会努力通过考试。许多人回信解释或找借口，好像没有搞清楚，我是在提供帮助，并不是要批评谁。

路易斯立刻就回应了，慌慌张张的。他一直挺努力，不明白为何挂科。这家伙拿着课表和笔记，在我办公室待了好几个小时，想重新看考试题，弄明白哪里错了。我们翻了他的上课笔记，讨论了如何听课更有效，怎样更好地记录。我们还讨论了怎么从书本里学习。这不是一次性会面，路易斯一直来，每周一次。有时我们也讨论别的事，包括其他功课，在斯坦福大学是否适应，以及他不想让家里人失望等等。

路易斯以B的成绩结束了这门课，这是职业生涯里我第一次看到有学生这样，第一次挂科后有这么大的反弹。更重要的是，我告诉“ScholarMatch”的孩子，我在路易斯身上投入了很多。当他想做宿舍助理员需要证明信时，我开心地帮他写了。当他申请夏季奖学金需要推荐信时，我立刻支持了他。我成了他官方的支持者。这些不是因为他是学科的超级明星，而是因为他把困难转化成了机会。被斯坦福大学录取，说明他是有能力的。他让挂科成为催化剂，提升能力并改善关系，在这里获得了成功。

把自己放在他的位置，我告诉“ScholarMatch”的学生。你能想象吗，大一挂科转变成发生在你身上的最好的事情之一？

我选择以这个故事作为研讨会的开场，是因为它与多数年轻人看待失败的方式不同。他们将之视为无论付出任何代价都要规避的事情，因为那会暴露他们的愚蠢或不够聪明。每当我们处于成长边缘，追求任何目标，或者超出现有能力的改变时，该思维模式就会悄悄侵入。经常性地，我们把失败看作停止的信号——要么是自己有问题，要么是目标有问题。这会引发自我怀疑和放弃的恶性循环。实际上，当我来给“ScholarMatch”的孩子做研讨会时，该组织的成员正为学生对一个小挫折的反应感到吃惊。

这个学生得到奖学金要去另一个州上私立大学。去参加新生夏令营的途中，他没赶上转机的航班。这个挫折——不是他的错，也不是不可逾越——对他而言仿佛是个信号。他确信错过航班意味着不能离家去上4年大学。他在机场拨打“ScholarMatch”的办公室电话，心烦意乱。他想放弃奖学金，待在加利福尼亚州，上社区大学。一回到家，“ScholarMatch”的咨询人员与其进行了讨论，他又决定还是去上外地的学校。但是，如果没有额外的鼓励会怎么样呢？

所以，和即将成为大一新生的孩子在一起，我想帮他们建立成长思维——视挫折为不可避免的东西，遇到困难意味着这是利用资源的机会。分享了路易斯的故事后，我解释了挫折和失败怎样成为进步的催化剂。问题不是，我告诉他们，在大学会不会遇到挫折或挑战，而是发生时，你会怎么做。多数学生恐惧的体验——论文上的批评性反馈，考试没考好——从某种奇怪的角度讲，是应该期待的时刻。它们对你发出邀请，要开始在校园建立资源，就像路易斯做的。当他寻求帮助，付出额外的努力，就为自己做了投资，我也开始支持他。他不仅获得了好成绩，还找到了真诚关心他的人，这些人愿意做得更多，帮助他成功。

接着我引入了讲故事练习。我要求“ScholarMatch”的孩子们回忆一段时光，他们遇到挫折或挑战，但最终坚持过来。也许是课堂上表现不好，但最终以自己骄傲的方式通过；也许受到不公正对待，但是没有因此沮丧；也许是和在意的人发生争吵，但后来修复了关系。然后，我讲了自己的例子，关于我差点儿从研究生退学的经历。

在斯坦福大学第一年要结束的时候，我在分析一组实验室收集了一整年的数据。这时一位实验助理问了我一个问题，说文件中的数据不一致。我对照原始数据检查了正在分析的文件，发现自己犯了个技术性的错误，两个月以前，我合并了几组数据。我的失误破坏了数据的可信度，事实上，我们认为观察到的所有发现，都不精确。它们是一组错误数据的产物。

我感到很恐惧，认为这恰恰证明了我不是读博士的料。这恐惧由来已久，我已经担心了一整年，害怕自己会在某个时刻露怯。不像多数学生一样，骄傲地穿着斯坦福的T恤和汗衫，在教室和校园晃荡，我没一样带有斯坦福标志的东西。我一直觉得某一天会失败，然后羞愧地离开校园。

跟导师汇报我的失误，是我最艰难的时刻之一。我甚至想过退出项目组，然后消失，这会更容易。（毕竟，我一个博士同事，第一年寒假回家后，就再没有来。他给导师发了封邮件说：“对不起，心理学研究不适合我！”）但我没有掩饰或一走了之，而是坐下来解释发生的一切。真要感谢他的信任，我的导师没有因为过失而苛责我。相反，他给我讲述了在职业生涯早期犯的类似的严重科研错误。他帮我修复了文件，使项目重回轨道。事实上，整个实验室都来帮我完成第一年的项目，我收获了更多同情，而不是预想的评判。

分享完这个故事，我要求学生们花几分钟写下他们自己的失败经历。发生了什么，为什么对自己很重要？是什么信念、态度或者力量使其坚持下来？（在我的例子中，我依靠的是诚实与勇气价值观。）最后，他们利用了哪些来自他人的资源或支持（就像我从导师和同事们那里得到的一样）？

大家都写完后，我们分成小组，每个学生轮流分享自己的故事。过程中，我听到了很多尽管种族歧视、学业失败、家庭困难、友谊破裂但依然坚守的故事。

每个人讲完后，小组再向整个大组汇报收获。一个组说最突出的是基本人性的感觉。尽管故事都不同，组内的每个人都经历过失败、失望和挫折。另一组观察到求助的意愿是使得他们成功的最重要因素。第三组意识到困难实际上提升了驱动力，使他们想要更努力工作。

研讨会的几个月后，我收到“ScholarMatch”项目的一个学生写来的信。她说整个校园生活很有挑战性，比预想的还艰难。但是她在坚持，因为她知道向他人求助是好的。

我领导的这类“ScholarMatch”研讨会，有助于学生更有效地应对学业挑战。比如说，我们在纽约城和附近地区（由戴维·耶格尔和哥伦比亚大学的合作者领导）的公共学校搞过类似的干预，学生们变得更愿意修改作业以提高成绩，更能接受老师的反馈。因为这个，他们的成绩提高了。

成长思维还能在更广泛的领域提升抗挫性，尤其对于那些经受过早年创伤的人。艾迪斯·陈是西北大学的心理学家，他对一种被称为“转化—坚持”的应对措施很认同，该方法似乎对生长于贫困或不安全环境的人有帮助，能使其免于健康风险。转化是把接受压力和改变思考方式结合在一起。它通常是衡量人们有多么同意这样的表达，如“我看看能从这种情境中学到什么，或者能得到什么好处”。坚持是指保持乐观，追求意义，即使在面对困难时。它通常以这样的表达衡量，“我觉得未来会变好”和“我觉得生命有意义”。

以转化—坚持模式应对痛苦的人，似乎对艰难或悲惨童年带来的毒害免疫。陈研究了全美国在心理学家所谓的危险环境里长大的孩子、青少年、青年、中年和老年人。每个年龄组，面对压力采取转化—坚持模式的人都更健康。陈使用了一系列被认为可以反映压力毒害性的生理指标进行研究，像血压、胆固醇水平、糖尿病和炎症。虽然艰苦的童年有时能预测这些因素会不健康，但选择看压力的意义，相信自己能从中学习和成长的人，没这方面问题。他们和童年不那么艰难的人一样健康，甚至更健康。

许多事都能影响一个人是否采取转化—坚持策略，包括孩子成长时，有没有成年人以成长思维做榜样。也有些事可以在生命的任何阶段培养，比如对苦难中学到的东西心怀感恩。

**转化压力：化痛苦为资源**

想一段过去的压力体验，你坚持下来或者学到了重要的东西。花点儿时间想想，这个体验让你知道了自己有何优势。然后，定个时，用15分钟的时间写那段经历，回答下面任何一个，或者全部问题：

· 你做了什么，帮助自己挺了过来？你运用了哪些个人资源，发挥了什么优势？你寻求信息、建议或者别的支持了吗？

· 关于如何应对困难，这段经历教会了你什么？

· 这段经历是如何让你变得更强的？

现在，想想你有所挣扎的一个情况。

· 你可以在当前的情况下，运用哪些资源和能力？

· 你想发展哪些应对技能或能力？那样的话，你可以开始做些什么，将这个情况当作成长的机会？

## 创伤后成长

在最近的一次“压力新科学”课上，我的学生卡桑德拉·纳尔逊给我讲了一段特别感人的经历，是关于她和丈夫如何穿越痛苦的。她同意我把故事分享出来，以她的口吻。

当时我怀着第2个孩子，在怀孕41周的时候，我觉得孩子在肚子中不动了。到医院产检室不久，我和丈夫就被告知，孩子已经没有心跳，那是个女孩。24小时之前，我们还在讨论用什么牌子的纸尿裤，而现在要决定的是，是否要解剖，是否要火化她的遗体。经过剖宫产，我那8.5磅重的美丽女儿来到世间，安静，毫无生命迹象。她被包裹在婴儿常用的毯子里面，交到我的臂弯。我们给她起名叫玛歌。

玛歌红头发，脸胖乎乎的，和她姐姐很像。她看起来很平和，就像睡着了一样。我难以抑制自己的情绪，困惑，几近崩溃。我们抚摩着她的小身体，我丈夫一个劲儿说："她依然那么美！"护士用轮椅把他和玛歌推出房间，等着医生帮我缝针。

回到家，我陷入紧张而生气的状态，每天哭哭啼啼。我们挣扎着参加当地非政府组织"Hand of the Peninsula"（新生儿死亡救助）搞的一个苦难支持团体。倾听了其他夫妻的经历，我们找到方式，一边怀念女儿，一边前行。通过"Hand of the Peninsula"与人联结，这平息了我们对未来的恐惧，创造了希望。感觉像是重新充满电，生活转向新的、未知的方向。

失去女儿后，丈夫和我的生活经历了巨大改变。破损的友谊有所缓和，健康的友谊得到强化，精彩的新友谊开始诞生。我们的个人价值观变得更清晰。我学会原谅自己的身体没能保住孩子的生命，学会用瑜伽和绘画来爱惜它。我丈夫通过营养和锻炼的方式关照他的身体，40多岁的他，比20多岁时还健美。工作上，我接受了一个更具挑战性的职位，在失去女儿前我想都没想过。我还关照精神世界，开始学习，并信仰了犹太教。

尽管害怕，我们还是找到勇气，继续要孩子。最后我受孕，怀孕，有了我们的第3个孩子，一个健康的男孩。

丈夫和我都发现我们的同理心有所增强。儿子出生后，我们开始为出生前或出生后失去孩子的父母主持追思会，我们想要帮助那些在痛苦中苦苦挣扎的人。我们也更理解彼此，关系更好了。我们花更多的精力沟通，不再纠缠于曾经令我们害怕、生气或不愉快的小事。我们比以往任何时候都更感恩、更快乐，真正地享受彼此共度的时光。

我经常思考失去女儿的经历让我成长了多少，很多时候，我会感觉内疚。她离开后，我的生活开始变得如此丰盛。接着，我会接收到来自宇宙的小小安慰，在我前行时，女儿的灵魂一直相伴左右，为我加油。这种感觉促使我更投入地生活，拥抱生命的挑战。我觉得自己在用积极的生活纪念我的女儿，虽然没出生她就走了，但点燃了我内在的火炬，一直照亮我前行的路。

现在，纳尔逊是一个有3个孩子的42岁母亲，还是一名法医。她也一直在做加利福尼亚州圣马特奥“Hand of the Peninsula”组织的志愿者。纳尔逊的经历，虽然独特，但反映了很多受过创伤或遭受打击的人的故事。经历导致极大的痛苦，但同时，激发了积极改变。

心理学家将这种现象称为创伤后成长。几乎所有能想象到的生理和心理创伤，包括暴力、虐待、事故、自然灾害、恐怖袭击、危及生命的疾病，甚至长期的空间恐惧，都能够带来创伤后成长。在那些生活于持续压力下的人群中，比如照顾发育失调的孩子，受脊柱损伤折磨，工作中要应付痛苦事件，罹患慢性疾病，都可以看到这种现象。甚至经历过最恐怖事件的人，比如强奸受害者和战争囚犯，也汇报过这类成长。无论孩子还是成年人，许多文化和国家，包括美国、加拿大、澳大利亚、英国、挪威、德国、法国、意大利、西班牙、土耳其、俄罗斯、印度、以色列、伊拉克、中国、日本、马来西亚、泰国、智利、秘鲁、委内瑞拉等，在这方面都有记载。

当人们描述如何从创伤事件中成长时，他们谈到了与纳尔逊夫妇类似的改变。以下是一些最普遍的成长方式：

· 觉得与别人更亲近，对他人更有同情心；
· 我发现我比自己想象的更强大；
· 我觉得自己的生命更有价值了；
· 我有了更强的宗教信仰；
· 我为自己的生活，建立了新的路径。

创伤后成长的普遍程度很难估计。然而，它绝不罕见：74%经受过恐怖袭击的以色列年轻人，83%携带HIV/AIDS病毒的妇女，99%工作中必须面对痛苦的救护车司机，都汇报了这类成长。2013年一份关于创伤后成长的研究宣称：“成长不是出类拔萃的人才有的偶然现象。”

创伤后成长，并不意味着人们从痛苦中反弹，再不为创伤所动。人们看到自己或生活的积极改变，并不表明他们不再痛苦。实际上，对同一个痛苦事件，人们一般既说有成长，也说有伤害。2014年针对42份研究的分析甚至发现，创伤痛苦越严重，越预示着更大的成长。这使得许多研究人员相信，创伤后的痛苦与成长不是分离和孤立的现象。相反，他们认为痛苦是成长的引擎，它驱动了引发积极改变的心理程序。

詹妮弗·怀特就是这样的例子。2011年7月她妈妈琼尼自杀去世时，她才23岁。母亲去世2年后，她依然在痛苦中无法自拔。她将母亲的骨灰撒在得克萨斯州的一个池塘里，接受心理治疗，加入支持性团体，参与关注自杀的游行。但她依然生气和痛苦，不断纠结说自己原本可以阻止妈妈的死，急切地想用某种方式，再和妈妈联结。

有一天，怀特看到有人在招募志愿者，粉刷洛杉矶的一所小学，她当时正住在附近。这个招募启事令她想起父母当年相遇的故事，那是在得克萨斯州加尔维斯顿约翰·希利医院。她妈妈是护士，她爸爸在那里的外科实习。两人见面当天，妈妈正在做志愿者，往儿科诊室的墙上画《芝麻街》人物。为了和母亲更亲近，怀特报了名，要帮助粉刷学校。到了现场，她被分配到一份最不起眼的任务，刮掉工业壁炉上的旧漆，壁炉占了建筑的半面墙。怀特用一把小刮刀铲了好几个小时，直到别人都去吃午饭了。完工之后，她帮忙将壁炉漆成了明亮的蓝色。

怀特觉得自妈妈死后，在那几个小时里，她与母亲靠得最近。“我感到她在那儿，”怀特说，“那是我们共同完成的。”那是母亲离开后第一次，她感到还有希望与之保持关系，即使她永远离开了。

那天是怀特的转折点。之后不久，她发起了希望工程——一个帮助人们策划服务项目，以缅怀逝去亲人的小组织。她在东哈莱姆区组织了社区园艺项目，策划了去洛杉矶动物收救所照顾小猫的一天行程，给在军队服务的男女送关怀，还为住在堪萨斯州美国癌症希望村的患者打扫卫生和做饭。怀特帮忙募集资金支付服务项目的费用，邀请被缅怀者的亲朋好友参与。她说目前运营希望工程的生活，较之以前在洛杉矶做演员的日子，简直是180度的大转弯。

虽然对这些改变和发现的意义心怀感恩，但怀特很快指出，这并不能消除母亲离世造成的痛苦。“我更爱现在的自己，但并不意味着我不希望她活着。”怀特说道。她很审慎地指出：“不是说妈妈的死是好事，而是我从中发现了一些好处。”

这是一个重要区别，是理解苦难怎会使你变强大的最重要事情之一。创伤后成长的科学，不是说苦难本身有好处，也不是说每个创伤事件都能带来成长。苦难里有好处，成长的源泉是你自己——你的优势，你的价值观，以及你选择如何应对困难。它不属于创伤本身。

## 选择看待困难的好处

到目前为止，我们已经看到，痛苦能使你更有韧性，创伤能带来成长。另外，这样看待过去的挑战有助于你在当下的压力中坚持。但是如果你正处在压力情境之中会怎样呢？正承受着困难，相信它能助你成长有益处吗?

回答该问题的一种方式，就是找到正身处压力中的人，问他们有没有看到任何好处。如果是的，这会带来更好的结果吗？答案明显是Yes。第一次得心脏病后看到好处的人——如更明白事情的轻重缓急，对生命更感恩，和家人关系更亲密——不容易再得心脏病，8年后活着的可能性也更大。认为诊断结果有积极影响的HIV阳性妇女——比如决定更好照顾自己的身体，或者戒毒——免疫功能更好，在持续5年的跟踪调查中死于艾滋病的可能性更小。那些患有慢性疼痛或疾病，能在痛苦中看到积极东西的男女，随着时间流逝，生理功能有所改善。所有这些研究中，工作人员都认真控制了项目开始时参与者的健康状况。不是因为开始时更健康，所以才会看到痛苦的积极面。而是先看到积极面，导致了这些积极结果。

发现压力的好处不仅能改善生理健康，它还能对抗抑郁、强化关系。举例说，那些照料患有帕金森症的配偶的人，如果能发现益处，将比现在更有耐心、更接纳，或者感到更大的意义感，对婚姻和配偶都更满意。患有糖尿病的十几岁孩子，发现好处会降低抑郁风险，使其更愿意配合血糖监测和饮食限制。看到服役的好处，同意“服役令我对自己的能力更自信”或“我能展示自己的勇气”这类说法的美国士兵，不容易得创伤后应激障碍或者抑郁症。参与最多战斗、受伤最严重的士兵，保护效果最强。

为什么在这些环境里看到好处会有作用？最大原因是看到痛苦的好处改变了人们的应对方式。这是个经典的思维效果。在困难中发现益处的人，觉得更有意义感，对未来更有希望，对处理当前压力的能力更自信。进而，他们更愿意采取积极措施处理压力，更好地利用社会支持。他们也较少依赖逃避策略去避免压力。甚至他们的生理压力反应也不同。在实验室里，能在痛苦中找到益处的人，表现出更健康的身体反应，恢复也更快。所有这些——而不是某类神奇的想法——就是益处能带来诸多积极结果的原因，诸如更少抑郁，更高婚姻满意度，更少心脏病，更强的免疫功能。

我不得不承认，写这段的时候，我不愿意用“发现好处”这个词。它让我很纠结，就像看到“创伤后成长”，或者听到那句“杀不死你的，都会让你更强大”时的感受一样。对我的耳朵而言，发现好处就像某类试图无视痛苦现实的积极思考一样：让咱们看光明的一面，这样就感受不到痛苦，或者不用想损失了。

但是，尽管我的反应有些敏感，该研究并不是说最有效的思维就是盲目乐观，把所有坏事变成好事。确切地说，它是在应对困难时，注意到好处的能力。实际上，能同时看到好坏两面比单纯注意好处，会带来更好的长期结果。比如说，恐怖袭击后同时报告了消极和积极改变的人，比那些最初只报告了积极变化的人——比如不再视活着为理所当然，更能维持创伤后成长。医疗恐惧也是如此。重疾的幸存者和那些护理员，如果既能报告益处，比如学会活在当下，又能看到代价，比如疲惫或担忧未来，更容易体验到持久的个人和关系成长。当你能承认无论如何痛苦都存在时，寻找压力的好处帮助最大。

邀请他人看到困难情境的好处是件微妙的事情，但一些科学家发现，它既能转化普通的日常压力，也能转化更严重的痛苦。在一项研究中，迈阿密大学的工作人员请人们回忆一段别人以某种方式伤害他们的经历。参与者兴致盎然，同时痛苦地想出来很多关于不忠、拒绝、欺骗、苛责和失望的故事。接着，工作人员请他们花20分钟写自己的生活因为这段经历如何变得更美好，或者怎么帮他们成为更好的人。从这个角度写完，参与者对那件事就不那么难过了。他们觉得更宽恕，不再想着报复。他们也不再那么想逃避那个人，或害怕提起那件事。

令人惊叹的是，另一项研究发现，即使做2分钟版本的这个思维干预，也能转化对伤害体验的看法。在这项由密歇根州霍普学院（我相当了解该学校）进行的研究中，参与者被要求完成以下练习：

> 接下来的2分钟，试着把一个经历当作成长、学习或变得更强大的机会。想想你能从该经历中得到的好处，比如自我了解、洞察或者改善某个关系。当你思考可以从中受益的方式时，努力聚焦在想法、感受和身体反应上。

做这2分钟反思时，有一台电子成像仪与参与者相连，它可以检测面部肌肉的活动。与那些被问到伤害体验但不寻找好处的人相比，思考了益处的参与者，眉头更松弛，颧大肌更活跃，下巴的肌肉带动嘴角呈现出笑容。换句话说，他们的脸更开心，甚至心血管反应都不同。不发现益处，思考该体验会导致典型的恐惧反应——心跳加速，血压上升。然而，思考了益处的人，心脏表现出照顾与友善反应，和感恩与联结的生理相一致。

思维重置还转化了情绪。2分钟反思后，参与者感到了更少的愤怒，更多的快乐、感恩和宽恕。重要的是，他们感到更强的掌控感，这是发现好处能带来的主要益处之一。另外的研究表明了这个变化是如何在大脑内进行的。发现好处使左额皮质更活跃，这部分大脑在乐观驱动和积极应对方面起着重要作用。

其他的干预措施属于长期方式，像要求人们连续几周每天书写或反思一个困难状况的益处。患有自身免疫失调的成年人，比如红斑狼疮和类风湿关节炎患者，接受这样的干预后，疲倦和痛苦都有所降低。干预前那些最焦虑的人，在身体健康方面改善最大。写下患癌好处的妇女，汇报说痛苦减小了，而且后来与癌症有关的医疗就诊次数降低。最能说明问题的是，之前依赖逃避应对方式的妇女，比如否定与转移注意力，痛苦程度极大降低。

另一项干预措施邀请那些照顾老年痴呆患者的家属，每天用语音的方式记下积极的看护体验。每个晚上，他们花1分钟的时间，至少录一件当天令人振奋的事。这项研究开始时，所有的护理人员都相当沮丧，坚持每日语音记录的几周后，他们的郁闷情况大幅改善。看待护理工作令人振奋的一面，比投注精力做压力管理，在降低沮丧程度方面效果更显著。

在这些研究中，参与者最初都很困惑。他们甚至都怀疑那些指导语。你想让他们写下患癌症的好处？照顾得老年痴呆的丈夫的益处？他们根本写不出来，也说不出来。然而，每次干预，参与者都会感谢这个过程。最受益的，是那些陷于焦虑、逃避和抑郁的人。看到好处不会解决困难的情况，但有助于平衡失望与希望。

尽管有证据表明，发现好处可以帮人应对局面，但这不是一个可以随随便便推荐给他人的方法。就像一个学生告诉我的，如果有人建议她从老公去世中发现好处，她会让对方滚得远远的。我能理解。即使是治疗师，我们也仅仅鼓励他倾听客户提到的益处，不要试图说服对方看到痛苦的积极面。

## 转化压力：选择发现痛苦的好处

选择你生活中一段长期的困难情境，或者近来的压力体验。从这段压力中，如果有的话，你收获了什么益处？你生活的哪些方面，因为它变得更好？因为要应对它，你在哪些方面发生了积极改变?

以下是经历了困难、损失或创伤后最常有的积极改变。思考一下你是否看到了这些益处的迹象：

· 自我成长感。该经历如何显示了你的优势？它改变了你对自己，以及能干什么的看法了吗？作为应付该挑战的结果，你成长或改变了吗？你运用什么优势帮助自己解决了问题?

· 更加感恩。你是不是更加感恩，也更享受每天的生活？是不是更甘心过简单的生活？是不是更愿意做有意义的冒险？是否花更多的时间和精力在那些给你快乐，或对你更重要的事情上?

· 灵魂成长。该经历对你的灵魂成长有何帮助？你是否经历了信念的改变，和在乎的群体是否关系更紧密？是否加深了对某个宗教或精神传统的理解，或者更加依赖？是否觉得自己的智慧或见识有所增长？

· 强化了社会联结与他人关系。该经历怎样提升了你与朋友、家人或其他社群成员的关系？你是否对他人的苦难更有同理心？它驱动你在关系方面做积极的改变了吗？

· 识别新的可能性与人生方向。该经历后，你在生活方面做了哪些积极改变？是否设定了新目标？是否花时间去做以前可能没想过的事？你是否找到了新的目标，能不能利用你的经验去助人？

也就是说，如果可以自由选择，发现好处是非常有力量的。如果你愿意尝试，上面格子里的练习就是个好的开始。想一个立刻就能找到对立观点的例子，而不是纯粹正面思考。你不需要说出感到的所有压力，或者摒弃得到的负面结果。只是选择把注意力在短时间内聚焦在那个情景中你能看到的好处上。

我经常被问及这个问题：有没有可能在所有压力体验中都找到益处？比如，堵车有好处吗？也许有，但是发现好处不应该是对每个小沮丧的膝跳反应。琐碎事件不是寻找成长和积极变化的好地方。如果你试图在它们中间找到益处，很难获得真实答案。也不是每个创伤都有积极面，你不该强迫自己对所有痛苦进行积极诠释。当一个压力事件对你影响很深的时候，发现好处才最有力量。尤其当你面对无法掌控、改变或逃离的局面时，它尤其有帮助。虽然最初的时候，你感觉很难看到益处，但它们恰恰是，凭借寻找成长和正面改变的意愿，最有可能被转化的经历。

当你首次寻找压力体验下的好处时，你会发现挺有挑战性的。因为任何思维模式的改变，接受新的想法，有挣扎是很自然的。如果觉得这是对过往伤害和痛苦的否定，这个练习就更难了。倘若你是这样想的，那花几分钟时间，写下想到的那个经历，你脑海里浮现的任何想法和情绪，包括所有痛苦或悲伤。然后，如果愿意，花几分钟写写，你想要体验到什么样的成长或积极变化。在未来的某个点，有什么改变和成长的可能？

## 如何传播成长和韧性

2002年，《基督教科学箴言报》26岁的记者玛丽·威尔博格，花了一周时间陪同苏·迈德里克——一位有4个孩子的母亲，前往北京收养一个1岁的女童。迈德里克是个寡妇，她的老公杰夫·迈德里克，在2001年9月11日的早上，登上美国航空公司的航班，从波士顿前往洛杉矶，后来遇难。威尔博格前往迈德里克的家，是想写一篇关于恐怖袭击1周年的故事——1年后，人们如何面对那次灾难。威尔博格回忆说，迈德里克的痛苦显而易见。很多个夜晚，她只睡几个小时，悲伤的潮流以未曾预期的方式不时袭来，比如在百货商店看到杰夫最喜欢吃的饼干。她不再带小女儿去动物园那样的地方，那里总会使她回忆起“妈妈—爸爸幸福时光”。好心人时不时说出的安慰话，像“他现在去了更好的地方”，让她生气，而不是给她安慰。

关于迈德里克的文章，威尔博格是这样开头的：“她花了5天，离开卧室；花了10个月，清洗一起睡过的床单；花了1年多，从杰夫的健身袋清空脏袜子。”这是关于被破坏家庭的真实写照。让迈德里克活下来的唯一理由，是她的5个孩子，包括她和杰夫计划一起领养的小姑娘。

故事虽然写完了，但依然笼罩在迈德里克家里的悲伤，始终萦绕在威尔博格的脑海里。事后很长一段时间，这位记者都做关于撞机的噩梦。

2011年，编辑问威尔博格愿不愿意再访迈德里克，她立刻应允。这次，她面对的，是依然怀念过去，但也勇敢向前的一家人。迈德里克从中国领养了2个女孩，还当了祖母。2002年，迈德里克对恐怖袭击1周年感到恐惧，到2011年，这一天已经成了家庭的节日。每年的9・11，“迈德里克队”会聚集在一起，庆祝杰夫的生命。第10周年，迈德里克家的15口人计划前往9・11纪念博物馆，在纽约跑个5公里迷你马拉松，以纪念杰夫。

迈德里克告诉威尔博格她不像2002年那样生气了。她围绕家庭重建了自己的生活，目的是确保孩子们能记住父亲。迈德里克还找到了生命的新意义，奉献时间在她和杰夫都支持的事业上。痛苦还在那儿，也有悲伤与困惑的时刻，但同时也有意义，有对未来的强烈期望。

对于威尔博格，迈德里克的新生活，是刺痛的悲伤和无意义悲剧的续集。写这篇故事，和2002年写那篇文章时一样，对她影响很深。但这次，她充满了希望，而不是被梦魇折磨。“我觉得任何人，即使像我这样的，没有那么惨痛经历的人，也可以从他们的故事中学习。”威尔博格告诉我，“某种程度上来说，我们都是支离破碎的人。对多数人而言，最大的问题是，尽管不完满，该怎样过一个更好的生活？所有人都试图搞清楚，怎样带着伤痛生活。”

## 用画面与声音传递希望

威尔博格对迈德里克家庭的10年跟踪是一种新型的报道方式：还原叙述（restorative narratives）。还原叙述摒弃了报道创伤和灾难的通常方式，不仅仅在事后分享最恐怖的细节，也讲述成长和愈合的故事。

接触的媒体报道对我们的幸福感有切实的影响。一项重要的美国调查显示，新闻是日常压力最普遍的来源之一。在那些汇报了最高水平压力的人群中，40%的人提及、看、读或听新闻，是生活压力的主要来源。

相比较生活导致的压力，新闻带来的压力有一个特别的属性，那就是激发无助感的能力。自然灾害或恐怖袭击后看电视新闻，已经持续表明会提高患抑郁或创伤后应激障碍症的风险。一项令人吃惊的研究发现，2013年波士顿马拉松爆炸案后，看了6个或更多小时新闻的人，比那些实际在爆炸现场、亲身受波及的人，更容易表现出创伤后应激障碍症状。不光是传统的新闻节目会灌输恐惧和无望，悲剧、创伤、恐怖的故事统治了许多媒体形式。实际上，2014年一项针对美国成年人进行的调查发现，对人们的担心和焦虑，最简单最好的预测器，就是他花多长时间看电视脱口秀。

这类发现驱动了“用画面与声音传递希望”（Images and Voices of Hope, IVOH）——一个致力于改变在新闻中报道痛苦、悲剧和灾难方式的组织的建立。IVOH训练媒体从业者讲韧性和恢复的故事，与全美各主要报纸的记者和摄影师合作。这类IVOH倡导的还原叙述，不是肤浅的描述，假装一个人或者社区的痛苦结束了。这类故事，选择聚焦于恢复的过程。灾后社区如何重建？悲剧后人们如何重新投入生活？痛苦怎样造就了意义？

根据IVOH执行总裁马拉里 琼 特诺尔的说法，当人们收听、阅读或看到还原叙述时，他们感到更有希望、更勇敢，受到激励去创造改变。故事中的韧性是传染的，这是还原类报道最好的部分之一：在我们讲的和关注的故事中，存在力量。

我们能从别人的故事中经历创伤后成长，可不是一厢情愿的想法。新的研究表明，人们可以从他人的创伤体验中找到意义，获得个人成长。心理学家把这称为“替代韧性”和“替代成长”。最初是在心理治疗师或其他健康护理人员那里观察到这个，他们经常报告说被客户的韧性和反弹能力所激励。替代成长在那些与最痛苦的人一道工作的专业人群中最为普遍：在烧伤诊疗室照顾严重受损儿童的护士，帮助政治难民或酷刑受害者的社工，为失独父母提供辅导的心理咨询师。他们说看到了希望，在应付自身挑战时，更有毅力。

替代成长不仅仅局限于那些助人的专业工作者。澳大利亚邦德大学做过一项研究，邀请成年人描述一件过去2年里间接感受到的最痛苦事件。参与者提到了诸如流产、事故中幸存、失去爱人、重疾或犯罪等事件。这些事件发生在朋友、家人、配偶，甚至是陌生人身上——有些是通过新闻得知的。参与者不仅仅报告了替代成长，而且这种成长强化了他们在自己生活中发现意义的能力。

你如何从他人的痛苦中获得毅力和成长，而不仅仅是同情其不幸呢？最重要的因素或许是真实的同理心。你必须感同身受，想象自己身处其中。你还得在看到痛苦的同时，发现他们的优势。替代韧性最大的障碍之一就是怜悯。如果你怜悯他们，就会为其痛苦感到难过，看不到他们的优势，也在他们的故事中看不到自己。很多时候，相比真实的同理心，怜悯是更安全的情感。它保护你不和别人的痛苦靠得太近，你能保持自己绝不会受此苦难的幻想。然而，在将对方降格为怜悯对象的同时，它也封存了你体验替代成长的能力。从他人痛苦中学习和成长的过程，看起来需要先被那种痛苦影响。它不是消极地目睹别人的反弹，而是允许自己被他们的痛苦和力量打动。

一个与酷刑幸存者有过接触的婚姻与家庭治疗师反思说，与客户的痛苦发生联结时，想要获得替代成长，需要根本性的思维转变：

> 谈到替代性创伤，我们往往将其看作受到别人创伤的辐射……它漏出来，朝我们蔓延，我们得设置障碍，得洗干净自己。都是这样的比喻。但是你可以视替代韧性为能量的流动……它从别人那里流出来，这种爱，或希望，或纯粹的能量，就是生命力。你也可以被传染或影响。

研究表明，仅仅关注替代韧性的概念，就会使这种反应更容易发生——如同告诉人们创伤后成长，能增长他们体验到成长的机会一样。甚至，现在，读到这几页内容，你也更容易被他人的痛苦和成长强化。当你发现自己面临着别人的痛苦时，试着既关注对方的悲伤，也关注他们的资源。让你被他们的经历打动，也敬畏他们的毅力。

## 故事能激发创造韧性文化

当患者经过田纳西州孟菲斯圣犹达儿童研究医院的大厅，他们会看到希望之墙。墙上并排挂着相框，里面是一些成年人的照片，他们都拿着自己儿时的照片。他们每个人，都是儿童癌症或其他危及生命状况疾病的幸存者。童年的照片可以追溯出在圣犹达的治疗日期，在这些早期的照片中，有的孩子刚化疗完，光着头，有的是和医生或父母的合影。拿着那些照片的成年人就是证据，表明治愈是可能的。更可信的是，他们有一半人现在就为圣犹达工作，做医生、护士或者研究员。他们将悲剧转化为目的，返回圣犹达，回馈曾经帮助他们的社区。

有许多方式，可以讲述韧性和成长的故事。有时以新闻报道的形式，而有时通过艺术、照片或其他图像。有时经由网站、信件，或者一对一谈话。任何组织或社群都能选择分享成长、联结和韧性的故事。可以参考下面的例子。

· 一份面对中学生家长的简报报告说，教师员工把病假捐献给一位与乳腺癌斗争的老师，好消息是，该老师恢复健康，重返了教室。

· 一家公司的CEO决定召开全体会议，表彰挽救次品的团队。

· 一座教堂的负责人邀请一名社区成员和教众分享，她最初来教堂时，需要食物和住处的情境。现在她成为同样项目的志愿者，来帮助其他有需要的人。

· 一家当地咖啡店展示了员工的照片——他们在帮助重建飓风损毁的社区公园。

· 一个医疗中心邀请接近康复的病人写下他们的斗争和康复过程，以鼓励未来的病人。

这些是我注意到的故事。重要的是，接触这类故事和画面，会让人更容易在自己的奋斗中体验成长。举例说，在澳大利亚昆士兰，246名新警员被随机分配到一个叫抗挫力成长的特别项目，它给这些警员传递痛苦带来成长的观念。作为项目的一部分，新手们要观看一段高级警员的录像，录像中他在谈论从业20年的体验。他分享了性暴力小组的工作是什么样子，以及接触这么多年创伤事件，他的生活发生了什么改变。故事都是精心选择的，以体现创伤后成长的不同方面，包括更感恩，体验到个人的优势，灵魂得到提升。

研究人员希望听取这类创伤后成长的故事，对执行任务时遇到创伤事件的新警员会有所帮助。早期结果表明这是有效的。参与该项目6个月后，工作中或者个人生活领域里遇到创伤事件的警员，相比较那些没有参与该项目的人，汇报了相当高的创伤后成长。

我们都讲故事，而故事能创造韧性的文化。你如何讲述家族、社区、公司以及自己的故事？考虑一下，为那些反映你自己和所在社区的优势、勇气、慈悲和韧性的故事，留出空间。

## 最后的想法

在本书的前面，我提到过，上完“压力新科学”课，我的学生们会更少同意这个说法：“如果能奇迹般抹去生命中经历的痛苦体验，我会这样做。”他们也更少同意这个言论：“我的痛苦经历和记忆，使我很难过上我珍惜的生活。”当你读到这些言论时，你怎么想？你会回去，抹掉生命中所有痛苦体验吗？

如何回答这个问题，挺重要。同意以上言论的人，对现在的生活状况，更不满意，对未来更紧张，更容易变抑郁。这些不是某人痛苦经历的直接结果，而是他们对其所持态度的产物。重要的是，学会用不同方式看待你的挣扎是可能的。研究表明，人们以更接纳的态度看待过去的苦难，会变得更快乐，更有毅力，更少抑郁。

选择在最痛苦的经历中看到好处，是改变我们与压力的关系的一部分。接受过去的苦难，是找到勇气，在当下挣扎中成长的一部分。很多时候，允许我们拥抱和转化压力的，是态度。虽然我和你分享了一些支持成长思维的科学，实际上支持该观点的证据就在你身边。如果愿意，你会在自己的生活，在你敬佩的人身上，甚至陌生人的故事中，看到这些迹象。

第七章

# 最后的反思

压力科学的大部分历史，都集中在一个问题上：压力对你有害吗？（最后，这个问题演化为，压力对你的危害有多大？）

但有趣的是，尽管压力有害的观点被广泛接受，科学研究却给出了不同的故事：压力有害，除掉那些例外情况。看看我们在本书介绍的例子：压力会提高患病风险，而那些规律地回报社区的人除外。压力提高死亡风险，而那些有目的感的人除外。压力提高抑郁风险，而那些在困难中看到好处的人除外。压力让人止步不前，而那些认为自己有能力搞定的人除外。压力让人元气大伤，而那些助你表现的时候除外。压力让人自私，而那些使人利他的情况除外。你能想到的每个负面结果，都有例外，可以抹去压力与坏事情的联系，并且以未曾预想的益处取而代之。

这些例外情况的有趣之处在于，它们根本就不是例外。保护我们免受压力侵害的事情，比比皆是。想想本书描述的那些思维练习和策略：澄清最重要的价值观，会更容易在日常压力中发现意义。开诚布公地谈论你的困难，这样就不那么孤单。视身体压力反应为资源，会强化搞定压力的自信。走出困境去助人，会获得希望和勇气。这些方法不但可行，而且不需要你做大多数人认为该做，但实际上是不可能完成并自我毁灭的事情：逃避压力。

相比于做一次性决定，判断“压力是好”或“压力是坏”，我现在更有兴趣探索对压力采取的立场带来的影响。作为试图搞定压力的个人，一个更好的问题应该是：我觉得有能力将压力转化为好事情吗？思维模式不是关于这个世界的非黑即白的真理。它们基于证据，但也是我们选择如何面对生活的立场。

科学还告诉我们，当以下三种情况存在时，压力最可能有害：

1.你感觉无法应对压力；

2.压力使你与别人孤立；

3.压力完全无意义，还违背你的意愿。

就像你看到的，如何看待压力影响着每个因素。当你觉得压力是绝对有害、需要避开的事情，你会更可能体会到这些事情：怀疑自己应对挑战的能力，孤独地陷入痛苦，找不到奋斗的意义。相对比，接受和拥抱压力能将这些情况转变成完全不同的体验。自我怀疑被信心取代，害怕变成勇气，孤立成为联结，痛苦激发了意义。而这些，不必消除压力。

不久前，我收到杰里米·贾米森的邮件，他是那个研究拥抱焦虑能提升表现的心理学家。他写到近来是如何重新思考某类不愉快感觉的：疲劳。贾米森33岁，家里有个1岁的孩子。他写道：“晚上，老婆和我反思着一天的精疲力竭，觉得疲惫标志着我们拥有了一切。”

读到这封邮件，我笑了，因为这是他将压力思维运用到实践的简单诠释。他没把身体状况视为自己或老婆有毛病的信号，成为新爸爸，是最有压力的情况之一，而疲惫的感觉，帮他看到了其中的意义。邮件也提醒了我，自打重新思考压力以来，我也有类似感觉。现在我几乎毫不费力就能重新评估压力，而当初出于习惯我经常抱怨：“压力太大了！”

当投身于拥抱压力的过程中，我未曾期望这会对我的日常生活产生如此大的影响。令我惊讶的是，在那些高压的状况里，我开始体验到感恩的潮水。那不是故意的思维转化，感恩就那样自然而然出现。我还没完全搞清楚为何有如此大的变化，但可能与之前最有害的习惯有关——厌恶生活中导致压力的事情，因为压力体验如此难挨。

我观察到，拥抱压力的效果似乎遵循这样的模式——切实地改变一个人与压力的关系中最有害的部分。学生们告诉我，他们不再那么害怕，那么孤单，对生活更有热情。他们不再感觉是生活的受害者，有压力也不再那么羞愧。有的人更信任他人，有的人第一次为自己挺身而出，有的人不再对过去发生的事那么生气，对未来更有希望。这是我的猜想？不，这是每一个切切实实的例子，他们转化了压力体验。

放下本书，你可能没有清晰的感觉——本书的思想会如何在你的生命里扎根呢？这正是思维干预的神奇之处。如果没错的话，你甚至记不住这本书写了什么。如果1年后我来跟踪，问你最喜欢哪部分，你能记得塞利老鼠的故事吗？或者想到“Sole Train”中为别人加油的跑者？你还会重新看待急速的心跳，或者试图记住更宏大的目标吗？

或者，你根本记不住任何细节了？

如果那样，我也可以坦然接受。我相信你最需要听到，也会记得的——不是如何记住任何具体的研究或故事，而是新思维落地的通常方式：在心里。它们鼓励你、激发你，改变你看待自我和世界的观点。

这本书讲了太多故事了，我想再讲一个，作为结束。

不久前，一个好友和我分享，他们家不做新年计划了，取而代之的是设定年度压力目标。每年，她、老公和3个十几岁的儿子，会决定接下来的1年如何成长。他们会选一个既有意义又困难的项目，然后讨论压力有多大——面对的挑战是什么，担心有哪些，以及他们想发展的优势。

我爱死这个主意了，立刻应用在自己身上。不仅仅用做新年计划，而且当作人生方向。实际上，写这本书是过去2年我最大的压力目标之一。我知道很难公正地对待广泛的科学研究，特别担心当人们谈论压力时，无法真实了解他们的本意。我需要发展的优势是询问的意愿，不断让人们告诉我关于他们的压力体验的事实——即使这会令写作更复杂，或者迫使我提出那些我自己都无法回答的问题。

现在，因为本书是一个思维干预，你可能已经意识到了，这个故事同样是在邀请你设定自己的压力目标。任何新的开始或转变，都是思索该如何挑战自我的机会。生日啊，新年啊，开学啊，周日晚上，或者每个早晨，甚至是现在，你都可以问问自己：“我想在压力中如何成长？”我学到的一件事情就是，任何时候都能成为如何体验压力的转折点，如果你选择去做的话。

THE UPSIDE OF STRESS

# 致谢

写这本书，很有压力——我是指好的压力。如果没有其他人，我自己无法做到。下面是这本书的历史和要感谢的你们：

你拿起这本书，可能是因为看了2013年我在爱丁堡TED上做的演讲。实际上，在做“把压力当朋友”演讲的7年之前，我就开始写有关压力的书了。然而，如果没有TED的演讲经历，我不会有勇气写这一本。所以感谢TED组织者布鲁尼·朱利亚尼和克瑞斯·安德森，让我知道世界已经准备好重新思考压力。特别感谢我的双胞胎姐妹，TED演讲老手简·麦格尼格尔。她说做TED演讲是个好主意（看起来也是某种压力），又跟TED组织者说，应该把我置于聚光灯下。

感谢艾弗里和企鹅书屋的全体成员。我发送了下一本书可能的主题清单，每个人都说最看好我最害怕的——我的意思是，最兴奋的主题。所以谢谢你们，在未写之前，就让我看到了压力的益处。特别感谢梅根·纽曼，本书的编辑。你很喜欢第一稿的部分章节，这给我以激励。多谢布莱恩·塔特、威廉·辛克和丽萨·强森，你们很早就对这本书有信心，让我这个作者，在艾弗里找到了家的感觉。当然，如果没有林赛·高登和凯撒·莫里尼——图书出版界的梦之队，读者们可能永远不会听说这本书。感谢艾弗里和企鹅图书每个人，谢谢你们陪我吃那些素食。

如果读过我上一本书的致谢部分，你可能已经知道，我拥有世界上最好的文学代理人——泰迪·温斯顿。所以，如果你是一名作者，还没把作品发给他，我能说的是……为什么不呢？我还拥有一支非常棒的国际支持团队，我想特别感谢日本东京的麦纳麦·塔米克和整个塔特尔·莫瑞代理机构，因为你们在中间，联结了我和全世界的读者。

接下来，多谢那些通过邮件、电话、Skype，或者面对面帮我了解其工作的研究人员，尤其是莫兰达·贝尔茨、斯蒂芬·科尔、詹妮弗·克罗克、艾丽娅·克拉姆、杰里米·贾米森、苏珊·勒布、艾斯利·马丁、克瑞斯蒂·帕克、麦克·柏林、简·莎士比亚-芬奇、马丁·特洛、马克·西里、格雷格·沃顿、莫妮卡·沃林和戴维·耶格尔。对你们将自我奉献给科学研究的精神，我深表敬佩。这些研究，既帮人解除痛苦又提升意义感。如果在试图将科学传递给广大读者的过程中出现了错误，请原谅我——并给予指正。

同样把感谢送给奋斗在一线，致力于改变他人生活的项目开发者、负责人、教师，及其他弟兄。以及那些因为此书与我交流的人：凯霍加河社区大学的亚伦·阿尔图斯，莫德斯托社区服务机构的苏·科特，“Sole Train”的杰西卡·莱弗勒及娜塔莉·斯塔瓦斯，“ScholarMatch”的戴安娜·艾得默森和尼尔·拉米雷斯，晚餐聚会的列侬·弗劳尔斯，希望工程的詹妮弗·怀特，IVOH的马拉里·琼·特诺尔，《基督教科学箴言报》的玛丽·威尔博格。能和读者分享你们的工作和故事，是天赐的礼物。

谢谢斯坦福的学生，尤其那些参加继续教育和“压力新科学”课程的同学。你们本想要消除压力，但我告诉你们要拥抱它时，几乎没有人退课。谢谢你们，感谢你们问的那些挑战问题，尤其感谢那些慷慨在本书中分享故事的同学们，你们正式宣告了思维转变。

让一个作者停止拖延，最终完成一本书，实属不易，尽管该作者之前还曾出版过一本名为《自控力》的书。所以谢谢三位写作伙伴——利·维斯·埃克斯特龙、玛丽娜·科伦斯基和简·麦格尼格尔——你们不时监督，确保我在做能帮助一本书成型的事情。还要感谢考尼·海尔，你对第一稿的建设性意见，使得最后的成书更加具有可读性。

最最要感谢我的先生，布莱恩·基德，他陪伴我走过了三次写书的历程，每次都安慰我说对他和全家，没之前那么痛苦了。希望，这一轮之后，他也能获得替代性创伤后成长。

THE UPSIDE OF STRESS

WHY STRESS IS GOOD FOR YOU,
AND HOW TO GET GOOD AT IT

# 注　释

## 引言

高压提高风险……Keller, Abiola, Kristen Litzelman, Lauren E. Wisk, et al. (2011). “Does the Perception That Stress Affects Health Matter? The Association with Health and Mortality.” *Health Psychology* 31, no. 5: 677–84.

对于变老持积极态度的人……Levy, Becca R., Martin D. Slade, Suzanne R. Kunkel, and Stanislav V. Kasl. “Longevity Increased by Positive Self-Perceptions of Aging.” *Journal of Personality and Social Psychology* 83, no. 2 (2002): 261–70.

相对比，60%的人……Barefoot, John C., Kimberly E. Maynard, Jean C. Beckham, Beverly H. Brummett, Karen Hooker, and Ilene C. Siegler. “Trust, Health, and Longevity.” *Journal of Behavioral Medicine* 21, no. 6 (1998): 517–26.

特别骇人的图片……Hansen, Jochim, Susanne Winzeler, and Sascha Topolinski. “When the Death Makes You Smoke: A Terror Management Perspective on the Effectiveness of Cigarette On-Pack Warnings.” *Journal of Experimental Social Psychology* 46, no. 1 (2010): 226–28.

在加利福尼亚大学的一项研究中……Major, Brenda, Jeffrey M. Hunger, Debra P. Bunyan, and Carol T. Miller. “The Ironic Effects of Weight Stigma.” *Journal of Experimental Social Psychology* 51 (2014): 74–80.

然而，当被放进科学实验时……Peters, Gjalt-Jorn Ygram, Robert A.C. Ruiter, and Gerjo Kok. “Threatening Communication: A Critical Re-Analysis and a Revised Meta-Analytic Test of Fear Appeal Theory.” *Health Psychology Review* 7, sup. 1 (2013): S8–S31. Peters, Gjalt-Jorn Y., Robert A.C. Ruiter, and Gerjo Kok. “Threatening Communication: A Qualitative Study of Fear Appeal Effectiveness Beliefs Among Intervention Developers, Policymakers, Politicians, Scientists, and Advertising Professionals.” *International Journal of Psychology* 49, no. 2 (2014): 71–79.

## 第一章　改变我们的思维模式：<br>什么是压力？压力真的都是负担吗？

“想想就能减肥”和“相信健康即会健康”……Crum, Alia J., and Ellen J. Langer. “Mind-Set Matters: Exercise and the Placebo Effect.” *Psychological Science* 18, no. 2 (2007): 165–71.

克拉姆接下来足以上媒体头条的研究……Crum, Alia J., William R. Corbin, Kelly D. Brownell, and Peter Salovey. “Mind over Milkshakes: Mindsets, Not Just Nutrients, Determine Ghrelin Response.” *Health Psychology* 30, no. 4 (2011): 424–29.

克拉姆最近的研究……Crum, Alia J., Modupe Akinola, Ashley Martin, and Sean Fath. “Improving Stress Without Reducing Stress: The Benefits of a Stress Is Enhancing Mindset in Both Challenging and Threatening Contexts.” Manuscript unpublished, in progress (2015). Data partially presented at: Martin, A.M., Alia J. Crum, and Modupe A. Akinola. “The Buffering Effects of Stress Mindset on Cognitive Functioning During Stress.” Poster presented at the 2014 Society for Personality and Social Psychology Conference, Austin, Texas.

与之相反，高水平的DHEA……Boudarene, M., J.J. Legros, and M. Timsit-Berthier. “[Study of the Stress Response: Role of Anxiety, Cortisol, and DHEAs].” *L'Encephale* 28, no. 2 (2001): 139–46.

它能预测大学生坚持……Wemm, Stephanie, Tiniza Koone, Eric R. Blough, Steven Mewaldt, and Massimo Bardi. “The Role of DHEA in Relation to Problem Solving and Academic Performance.” *Biological Psychology* 85, no. 1 (2010): 53–61.

在军事生存训练中……Morgan, Charles A., Steve Southwick, Gary Hazlett, Ann Rasmusson, Gary Hoyt, Zoran Zimolo, and Dennis Charney. “Relationships Among Plasma Dehydroepiandrosterone Sulfate and Cortisol Levels, Symptoms of Dissociation, and Objective Performance in Humans Exposed to Acute Stress.” *Archives of General Psychiatry* 61, no. 8 (2004): 819–25. See also Rasmusson, Ann M., Meena Vythilingam, and Charles A. Morgan III. “The Neuroendocrinology of Posttraumatic Stress Disorder: New Directions.” *CNS Spectrums* 8, no. 9 (2003): 651–67.

成长指数甚至能预测……Cicchetti, Dante, and Fred A. Rogosch. “Adaptive Coping Under Conditions of Extreme Stress: Multilevel Influences on the Determinants of Resilience in Maltreated Children.” *New Directions for Child and Adolescent Development* 2009, no. 124 (2009): 47–59. For an excellent introduction to the concept of mindsets, see Dweck, Carol. Mindset: *The New Psychology of Success. Random House* LLC, 2006.

比如，巴尔的摩老龄化纵向研究……Levy, Becca R., Alan B. Zonderman, Martin D. Slade, and Luigi Ferrucci. “Age Stereotypes Held Earlier in Life Predict Cardiovascular Events in Later Life.” *Psychological Science* 20, no. 3 (2009): 296–98.

在一项研究中……那些……人……Levy, Becca R., Martin D. Slade, Jeanine May, and Eugene A. Caracciolo. “Physical Recovery After Acute Myocardial Infarction: Positive Age Self-Stereotypes as a Resource.” *International Journal of Aging and Human Development* 62, no. 4 (2006): 285–301.

在另一项研究中，积极……Levy, Becca R., Martin D. Slade, Terrence E. Murphy, and Thomas M. Gill. “Association Between Positive Age Stereotypes and Recovery from Disability in Older Persons.” *JAMA* 308, no. 19 (2012): 1972–73.

顺带说一句，如果这些发现……The work of Stanford psychologist Laura Carstensen demonstrates that people get happier as they grow older, among other psychological benefits of aging. For example, see Carstensen, Laura L., Bulent Turan, Susanne Scheibe, Nilam Ram, Hal Ersner-Hershfield, Gregory R. Samanez-Larkin, Kathryn P. Brooks, and John R.

Nesselroade. “Emotional Experience Improves with Age: Evidence Based on Over 10 Years of Experience Sampling.” *Psychology and Aging* 26, no. 1 (2011): 21–33.

举例来说，一项……干预措施……Wolff, Julia K., Lisa M. Warner, Jochen P. Ziegelmann, and Susanne Wurm. “What Do Targeting Positive Views on Aging Add to a Physical Activity Intervention in Older Adults? Results from a Randomised Controlled Trial.” *Psychology and Health* (ahead of print, 2014): 1–18.

德国老年研究中心……Wurm, Susanne, Lisa M. Warner, Jochen P. Ziegelmann, Julia K. Wolff, and Benjamin Schüz. “How Do Negative Self-Perceptions of Aging Become a Self-Fulfilling Prophecy?” *Psychology and Aging* 28, no. 4 (2013): 1088–97.

消极看待变老的人……Levy, Becca R., Martin D. Slade, Suzanne R. Kunkel, and Stanislav V. Kasl. “Longevity Increased by Positive Self-Perceptions of Aging.” *Journal of Personality and Social Psychology* 83, no. 2 (2002): 261–70.

而悲观看待变老的人……Levy, Becca, Ori Ash-man, and Itiel Dror. “To Be or Not to Be: The Effects of Aging Stereotypes on the Will to Live.” *OMEGA Journal of Death and Dying* 40, no. 3 (2000): 409–20.

花点儿时间看看……These items are taken from the Stress Mindset Measure, originally published in: Crum, Alia J., Peter Salovey, and Shawn Achor. “Rethinking Stress: The Role of Mindsets in Determining the Stress Response.” *Journal of Personality and Social Psychology* 104, no. 4 (2013): 716–33. The Stress Mindset Measure is reproduced with permission. Copyright 2013 by the American Psychological Association.

男女没差别……同上。

在2014年……的调查中……The NPR/Robert Wood Johnson Foundation/Harvard School of Public Health Burden of Stress in America Survey was conducted from March 5 to April 8, 2014, with a sample of 2,505 respondents.

即使那些说……The Stress in America survey is an annual survey within the United States conducted by Harris Interactive on behalf of the American Psychological Association. The full 2013 report was released by the American Psychological Association on February 11, 2014. http://www.apa.org/news /press/releases/stress/2013/stress-report.pdf.

2014年哈佛大学……The NPR/Robert Wood Johnson Foundation/Harvard School of Public Health Burden of Stress in America Survey was conducted from March 5 to April 8, 2014, with a sample of 2,505 respondents.

秉持压力有害思维的人，更可能说……Crum, Alia. “Rethinking Stress: The Role of Mindsets in Determining the Stress Response.” Ph.D. dissertation, Yale University, 2012.

一项研究发现……不到10年……Michel, Alexandra. “Transcending Socialization: A Nine-Year Ethnography of the Body’s Role in Organizational Control and Knowledge Workers’ Transformation.” *Administrative Science Quarterly* 56, no. 3 (2012): 325–68.

金融从业者报告说……Tsai, Feng-Jen, and Chang-Chuan Chan. “The Impact of the 2008 Financial Crisis on Psychological Work Stress Among Financial Workers and Lawyers.” *International Archives of Occupational and Environmental Health* 84, no. 4 (2011): 445–52.

整个行业蔓延着……John Aidan Byrne. “The Casualties of Wall Street.” WealthManagement.com. June 1, 2009. http://wealthmanagement .com/ practice-management / casualties-wall-street. Accessed August 9, 2014.

UBS大幅裁员……UBS Annual Report 2008. Available at http://www.ubs.com/global/en/about_ubs/investor _relations/ restatement.html. Accessed August 10, 2014.

员工被随机分为……Crum, Alia, Peter Salovey, and Shawn Achor. “Evaluating a Mindset Training Program to Unleash the Enhancing Nature of Stress.” *Academy of Management Proceedings*, vol. 2011, no. 1: 1–6.

然后他跟踪一段时间……For an introduction to brief mindset interventions, see Walton, Gregory M. “The New Science of Wise Psychological Interventions.” *Current Directions in Psychological Science* 23, no. 1 (2014): 73–82.

当我问沃顿……他最喜欢的……Walton, Gregory M., and Geoffrey L. Cohen. “A Brief Social-Belonging Intervention Improves Academic and Health Outcomes of Minority Students.” *Science* 331, no. 6023 (2011): 1447–51. Personal interview conducted with Greg Walton on February 20, 2014.

沃顿和同事们……进行了……Yeager, David S., and Gregory M. Walton. “Social-Psychological Interventions in Education: They’re Not Magic.” *Review of Educational Research* 81, no. 2 (2011): 267–301. Yeager, David S., Dave Paunesku, Gregory M. Walton, and Carol S. Dweck. “How Can We Instill Productive Mindsets at Scale? A Review of the Evidence and an Initial R&D Agenda.” White paper prepared for the White House meeting. “Excellence in Education: The Importance of Academic Mindsets.” May 10, 2013.

“她们的社交圈正在发生变化”…… Walton, Gregory M., Christine Logel, Jennifer M. Peach, Steven J. Spencer, and Mark P. Zanna. “Two Brief Interventions to Mitigate a ‘Chilly Climate’ Transform Women’s Experience, Relationships, and Achievement in Engineering.” (2014, in press.)

尽管有人怀疑……Yeager, David Scott, Rebecca Johnson, Brian James Spitzer, Kali H. Trzesniewski, Joseph Powers, and Carol S. Dweck. “The Far-Reaching Effects of Believing People Can Change: Implicit Theories of Personality Shape Stress, Health, and Achievement During Adolescence.” *Journal of Personality and Social Psychology* 106, no. 6 (2014): 867–81. See also Miu, Adriana Sum, David Scott Yeager, David Sherman, James Pennebaker, and Kali Trzesniewski. “Preventing Depression by Teaching Adolescents That People Can Change: Nine-Month Effects of a Brief Incremental

Theory of Personality Intervention.” (2014, in press.) Some details from a personal interview conducted with David Yeager, May 23, 2014.

令人惊讶的是，清楚标明……Kelley, John M., Ted J. Kaptchuk, Cristina Cusin, Samuel Lipkin, and Maurizio Fava. “Open-Label Placebo for Major Depressive Disorder: A Pilot Randomized Controlled Trial.” *Psychotherapy and Psychosomatics* 81, no. 5 (2012): 312–14. See also Kam-Hansen, Slavenka, Moshe Jakubowski, John M. Kelley, Irving Kirsch, David C. Hoaglin, Ted J. Kaptchuk, and Rami Burstein. “Altered Placebo and Drug Labeling Changes the Outcome of Episodic Migraine Attacks.” *Science Translational Medicine* 6, no. 218 (2014): 218ra5–218ra5.

告知人们……Silverman, Arielle, Christine Logel, and Geoffrey L. Cohen. “Self-Affirmation as a Deliberate Coping Strategy: The Moderating Role of Choice.” *Journal of Experimental Social Psychology* 49, no. 1 (2013): 93–98. Cohen, Geoffrey L., and David K. Sherman. “The Psychology of Change: Self- Affirmation and Social Psychological Intervention.” *Annual Review of Psychology* 65 (2014): 333–71.

**第二章　迎难而上：身处困境时，**
**压力是可以依靠的资源，而非要消灭的敌人**

20世纪90年代末期……非同寻常……Delahanty, Douglas L., A. Jay Raimonde, and Eileen Spoonster. “Initial Posttraumatic Urinary Cortisol Levels Predict Subsequent PTSD Symptoms in Motor Vehicle Accident Victims.” *Biological Psychiatry* 48, no. 9 (2000): 940–47. See also Walsh, Kate, Nicole R. Nugent, Amelia Kotte, Ananda B. Amstadter, Sheila Wang, Constance Guille, Ron Acierno, Dean G. Kilpatrick, and Heidi S. Resnick. “Cortisol at the Emergency Room Rape Visit as a Predictor of PTSD and Depression Symptoms over Time.” *Psychoneuroendocrinology* 38, no. 11 (2013): 2520–28. Delahanty, Douglas L., Crystal Gabert-Quillen, Sarah A. Ostrowski, Nicole R. Nugent, Beth Fischer, Adam Morris, Roger K. Pitman, John Bon, and William Fallon. The Efficacy of Initial Hydrocortisone Administration at Preventing Posttraumatic Distress in Adult Trauma Patients: A Randomized Trial.” *CNS Spectrums* 18, no. 2 (2013): 103–11. Ehring, Thomas, Anke Ehlers, Anthony J. Cleare, and Edward Glucksman. “Do Acute Psychological and Psychobiological Responses to Trauma Predict Subsequent Symptom Severities of PTSD and Depression?” *Psychiatry Research* 161, no. 1 (2008): 67–75.

事实上……最有前景的新疗法之一……de Quervain, Dominique J-F., Dorothée Bentz, Tanja Michael, Olivia C. Bolt, Brenda K. Wiederhold, Jürgen Margraf, and Frank H. Wilhelm. “Glucocorticoids Enhance Extinction-Based Psychotherapy.” *Proceedings of the National Academy of Sciences* 108, no. 16 (2011): 6621–25. de Quervain, Dominique J-F., and Jürgen Margraf. “Glucocorticoids for the Treatment of Post-Traumatic Stress Disorder and Phobias: A Novel Therapeutic Approach.” *European Journal of Pharmacology* 583, no. 2 (2008): 365–71.

接受10毫克皮质醇注射……Aerni, Amanda, Rafael Traber, Christoph Hock, Benno Roozendaal, Gustav Schelling, Andreas Papassotiropoulos, Roger M. Nitsch, Ulrich Schnyder, and J-F. Dominique. “Low-Dose Cortisol for Symptoms of Posttraumatic Stress Disorder.” *American Journal of Psychiatry* 161, no. 8 (2004): 1488–90.

在高风险心脏手术的患者中……Weis, Florian, Erich Kilger, Benno Roozendaal, Dominique J-F. de Quervain, Peter Lamm, Michael Schmidt, Martin Schmölz, Josef Briegel, and Gustav Schelling. “Stress Doses of Hydrocortisone Reduce Chronic Stress Symptoms and Improve Health-Related Quality of Life in High-Risk Patients After Cardiac Surgery: A Randomized Study.” *Journal of Thoracic and Cardiovascular Surgery* 131, no. 2 (2006): 277–82. Schelling, Gustav, Benno Roozendaal, Till Krauseneck, Martin Schmoelz, Dominique J-F. de Quervain, and Josef Briegel. “Efficacy of Hydrocortisone in Preventing Posttraumatic Stress Disorder Following Critical Illness and Major Surgery.” *Annals of the New York Academy of Sciences* 1071, no. 1 (2006): 46–53.

接受一剂压力荷尔蒙……Bentz, Dorothée, Tanja Michael, Dominique J-F. de Quervain, and Frank H. Wilhelm. “Enhancing Exposure Therapy for Anxiety Disorders with Glucocorticoids: From Basic Mechanisms of Emotional Learning to Clinical Applications.” *Journal of Anxiety Disorders* 24, no. 2 (2010): 223–230.

那是1936年的某一天，匈牙利内分泌专家汉斯·塞利……Selye, Hans. *The Stress of Life*. McGraw Hill, 1956. See also Selye, Hans. *The Stress of My Life: A Scientist's Memoirs*. McClelland and Stewart Toronto, 1977. Selye, Hans. *Stress Without Distress*. Springer U.S., 1976.

烟草行业花钱雇他……Petticrew, Mark P., and Kelley Lee. “The ‘Father of Stress’ Meets ‘Big Tobacco’: Hans Selye and the Tobacco Industry.” *American Journal of Public Health* 101, no. 3 (2011): 411–18.

试图提升压力形象……Selye's quote “There is always stress...” is taken from an interview published in Oates Jr., Robert M. *Celebrating the Dawn: Maharishi Mahesh Yogi and the TM Technique*. New York: G.P. Putnam's Sons, 1976.

比如说，美国在2014年做的一项重要调查……The NPR/Robert Wood Johnson Foundation/Harvard School of Public Health Burden of Stress in America Survey was conducted from March 5 to April 8, 2014, with a sample of 2,505 respondents.

2011年从超过100项的研究中……Schetter, Christine. “Psychological Science on Pregnancy: Stress Processes, Biopsychosocial Models, and Emerging Research Issues.” *Annual Review of Psychology* 62 (2011): 531–58.

接触到母亲的压力荷尔蒙……DiPietro, Janet A., Katie T. Kivlighan, Kathleen A. Costigan, Suzanne E. Rubin,

Dorothy E. Shiffler, Janice L. Henderson, and Joseph P. Pillion. "Prenatal Antecedents of Newborn Neurological Maturation." *Child Development* 81, no. 1 (2010): 115–30.

就像一位妇女告诉研究人员的那样……Watt, Melissa H., Lisa A. Eaton, Karmel W. Choi, Jennifer Velloza, Seth C. Kalichman, Donald Skinner, and Kathleen J. Sikkema. " 'It's Better for Me to Drink, at Least the Stress Is Going Away' : Perspectives on Alcohol Use During Pregnancy Among South African Women Attending Drinking Establishments." *Social Science and Medicine* 116 (2014): 119–25.

斯坦福生物心理学家凯伦・帕克……Lyons, David M., Karen J. Parker, and Alan F. Schatzberg. "Animal Models of Early Life Stress: Implications For Understanding Resilience." *Developmental Psychobiology* 52, no. 7 (2010): 616–24. See also Lyons, David M., and Karen J. Parker. "Stress Inoculation- Induced Indications of Resilience in Monkeys." *Journal of Traumatic Stress* 20, no. 4 (2007): 423–33. Parker, Karen J., Christine L. Buckmaster, Steven E. Lindley, Alan F. Schatzberg, and David M. Lyons. "Hypothalamic-Pituitary-Adrenal Axis Physiology and Cognitive Control of Behavior in Stress Inoculated Monkeys." *International Journal of Behavioral Development* 36, no. 1 (2012): 45–52.

最喜欢的方式就是让动物生气……Cannon, *Walter Bradford. Bodily Changes in Pain, Hunger, Fear, and Rage: An Account of Recent Researches into the Function of Emotional Excitement.* D. Appleton and Company, 1915. The quote about a cat's breathing is on page 15.

助你处理挑战……Everly Jr., George S., and Jeffrey M. Lating. "The Anatomy and Physiology of the Human Stress Response." *In A Clinical Guide to the Treatment of the Human Stress Response*, edited by George S. Everly Jr. and Jeffrey M. Lating, 17–51. New York: Springer, 2013.

他认为这个比例……Van den Assem, Martijn J., Dennie Van Dolder, and Richard H. Thaler. "Split or Steal? Cooperative Behavior When the Stakes Are Large." *Management Science* 58, no. 1 (2012): 2–20.

在一项研究中，参与者被要求……von Dawans, Bernadette, Urs Fischbacher, Clemens Kirschbaum, Ernst Fehr, and Markus Heinrichs. "The Social Dimension of Stress Reactivity: Acute Stress Increases Prosocial Behavior in Humans." *Psychological Science* 23, no. 6 (2012): 651–60.

不像多数人认为的……Kemeny, Margaret E. "The Psychobiology of Stress." *Current Directions in Psychological Science* 12, no. 4 (2003): 124–29. See also Dickerson, Sally S., Tara L. Gruenewald, and Margaret E. Kemeny. "When the Social Self Is Threatened: Shame, Physiology, and Health." *Journal of Personality* 72, no. 6 (2004): 1191–216.

"我不知道怎么抬起来的" …… Fox News/Associated Press. "Oregon Man Pinned Under 3,000-Pound Tractor Saved by Teen Daughters." April 11, 2013. http://www.foxnews.com/us/2013/04 /11/oregon-man-pinned-under-3000-pound-tractor-saved-by-two-teen-daughters.

这在跳伞者……Allison, Amber L., Jeremy C. Peres, Christian Boettger, Uwe Leonbacher, Paul D. Hastings, and Elizabeth A. Shirtcliff. "Fight, Flight, or Fall: Autonomic Nervous System Reactivity During Skydiving." *Personality and Individual Differences* 53, no. 3 (2012): 218–23.

但当压力情境……Seery, Mark D. "The Biopsychosocial Model of Challenge and Threat: Using the Heart to Measure the Mind." *Social and Personality Psychology Compass* 7, no. 9 (2013): 637–53.

心流状态的人……Peifer, Corinna. "Psychophysiological Correlates of Flow-Experience." *Advances in Flow Research*, edited by Stephan Engeser, 139–64. New York: Springer, 2012.

科学家们管这叫……Taylor, Shelley E. "Tend and Befriend: Biobehavioral Bases of Affiliation Under Stress." *Current Directions in Psychological Science* 15, no. 6 (2006): 273–77. Buchanan, Tony W., and Stephanie D. Preston. "Stress Leads to Prosocial Action in Immediate Need Situations." *Frontiers in Behavioral Neuroscience* 8, no. 5 (2014): 1–6.

当研究人员给老鼠吃……Moghimian, Maryam, Mahdieh Faghihi, Seyed Morteza Karimian, Alireza Imani, Fariba Houshmand, and Yaser Azizi. "The Role of Central Oxytocin in Stress-Induced Cardioprotection in Ischemic- Reperfused Heart Model." *Journal of Cardiology* 61, no. 1 (2013): 79–86.

比如说，皮质醇和催产素……Laurent, Heidemarie K., Sean M. Laurent, and Douglas A. Granger. "Salivary Nerve Growth Factor Response to Stress Related to Resilience." *Physiology and Behavior* 129 (2014): 130–34.

释放这些荷尔蒙较高的人……Het, Serkan, Daniela Schoofs, Nicolas Rohleder, and Oliver T. Wolf. "Stress-Induced Cortisol Level Elevations Are Associated with Reduced Negative Affect After Stress: Indications for a Mood-Buffering Cortisol Effect." *Psychosomatic Medicine* 74, no. 1 (2012): 23–32. Walsh, Kate, Nicole R. Nugent, Amelia Kotte, Ananda B. Amstadter, Sheila Wang, Constance Guille, Ron Acierno, Dean G. Kilpatrick, and Heidi S. Resnick. "Cortisol at the Emergency Room Rape Visit as a Predictor of PTSD and Depression Symptoms Over Time." *Psychoneuroendocrinology* 38, no. 11 (2013): 2520–28.

其他研究表明……Stout, Jane G., and Nilanjana Dasgupta. "Mastering One's Destiny: Mastery Goals Promote Challenge and Success Despite Social Identity Threat." *Personality and Social Psychology Bulletin* 39, no. 6 (2013): 748–62.

你的生活史同样会影响你对压力……Pierrehumbert, Blaise, Raffaella Torrisi, Daniel Laufer, Oliver Halfon, François Ansermet, and M. Beck Popovic. "Oxytocin Response to an Experimental Psychosocial Challenge in Adults Exposed to Traumatic Experiences During Childhood or Adolescence." *Neuroscience* 166, no. 1 (2010): 168–77.

其他人生来……Belsky, Jay, and Michael Pluess. "Beyond Diathesis Stress: Differential Susceptibility to

Environmental Influences." *Psychological Bulletin* 135, no. 6 (2009): 885- 908. Pluess, Michael, and Jay Belsky. "Vantage Sensitivity: Individual Differences in Response to Positive Experiences." *Psychological Bulletin* 139, no. 4 (2013): 901–16.

重要的是要识别……Del Giudice, Marco, J. Benjamin Hinnant, Bruce J. Ellis, and Mona El-Sheikh. "Adaptive Patterns of Stress Responsivity: A Preliminary Investigation." *Developmental Psychology* 48, no. 3 (2012): 775–90. Del Giudice, Marco. "Early Stress and Human Behavioral Development: Emerging Evolutionary Perspectives." *Journal of Developmental Origins of Health and Disease* 5, no. 5 (2014): 270–80.

**第三章　压力和意义成正比：有意义，意味着有压力**

2005年到2006年……Ng, Weiting, Ed Diener, Raksha Aurora, and James Harter. "Affluence, Feelings of Stress, and Well-Being." *Social Indicators Research* 94, no. 2 (2009): 257–71. Holmqvist, Goran, and Luisa Natali. "Exploring the Late Impact of the Great Recession Using Gallup World Poll Data." Innocenti Working Paper No. 2014-14. UNICEF Office of Research, Florence.

相比较，研究者……Tay, Louis, Ed Diener, Fritz Drasgow, and Jeroen K. Vermunt. "Multilevel Mixed-Measurement IRT Analysis: An Explication and Application to Self-Reported Emotions Across the World." *Organizational Research Methods* 14, no. 1 (2011): 177–207.

2013年……Baumeister, Roy F., Kathleen D. Vohs, Jennifer L. Aaker, and Emily N. Garbinsky. "Some Key Differences Between a Happy Life and a Meaningful Life." *Journal of Positive Psychology* 8, no. 6 (2013): 505–16.

当人们谈论……The Stress in America survey is an annual survey within the United States conducted by Harris Interactive on behalf of the American Psychological Association. Full 2013 report released by the American Psychological Association on February 11, 2014.

在最近的两个调查里，英国34%的成年人……Kalms Annual Stress Report, a survey of two thousand men and women in the U.K.. The survey results were released on November 4, 2013.

而62%的加拿大成年人……Crompton, Susan. "What's Stressing the Stressed? Main Sources of Stress Among Workers." *Canadian Social Trends Component of Statistics Canada Catalogue no. 11-008-X.* Survey of 1,750 adults ages twenty to sixty-four. The findings were released October 13, 2011.

比如说，盖洛普世界民意……Data on caring for kids comes from interviews with 131,159 adults in the United States conducted between January 2, 2014, and September 25, 2014, as part of the Gallup-Healthways Well-Being Index. See http:// www.gallup.com/poll/178631/adults-children-home-greater-joy -stress.aspx. Data on entrepreneurs come from interviews with 273,175 adults in the United States conducted between January 2, 2011, and September 30, 2012. See http:// www.gallup.com/poll /159131/entrepreneurship-comes-stress-optimism.aspx.

虽然多数人预测……Hsee, Christopher K., Adelle X. Yang, and Liangyan Wang. "Idleness Aversion and the Need for Justifiable Busyness." *Psychological Science* 21, no. 7 (2010): 926–30.

繁忙程度的急剧下降或许可以……Sahlgren, Gabriel H. "Work Longer, Live Healthier: The Relationship Between Economic Activity, Health and Government Policy." Institute for Economic Affairs Discussion Paper, May 16, 2013.

在一项大型流行病研究中……Britton, Annie, and Martin J. Shipley. "Bored to Death?" *International Journal of Epidemiology* 39, no. 2 (2010): 370–71.

相对比，许多研究……Hill, Patrick L., and Nicholas A. Turiano. "Purpose in Life as a Predictor of Mortality Across Adulthood." *Psychological Science*, no. 25 (2014): 1482–86. See also Boyle, Patricia A., Lisa L. Barnes, Aron S. Buchman, and David A. Bennett. "Purpose in Life Is Associated with Mortality Among Community- Dwelling Older Persons." *Psychosomatic Medicine* 71, no. 5 (2009): 574–79. Krause, Neal. "Meaning in Life and Mortality." *Journals of Gerontology Series B: Psychological Sciences and Social Sciences* 64, no. 4 (2009): 517–27.

降低死亡风险……Steptoe, Andrew, Angus Deaton, and Arthur A. Stone. "Subjective Wellbeing, Health, and Ageing." *Lancet* (2014, in press). doi: 10.1016/S0140-6736(13)61489-0.

2014年，一份针对……Aldwin, Carolyn M., Yu-Jin Jeong, Heidi Igarashi, Soyoung Choun, and Avron Spiro. "Do Hassles Mediate Between Life Events and Mortality in Older Men?: Longitudinal Findings from the VA Normative Aging Study." *Experimental Gerontology* 59 (2014): 74–80.

视日常任务……Hazel, Nicholas A., and Benjamin L. Hankin. "A Trait-State-Error Model of Adult Hassles over Two Years: Magnitude, Sources, and Predictors of Stress Continuity." *Journal of Social and Clinical Psychology* 33, no. 2 (2014): 103–23.

写出价值观……Keough, Kelli A., and Hazel Rose Markus. "The Role of the Self in Building the Bridge from Philosophy to Biology." *Psychological Inquiry* 9, no. 1 (1998): 49–53.

它们表明……Cohen, Geoffrey L., and David K. Sherman. "The Psychology of Change: Self-Affirmation and Social Psychological Intervention." *Annual Review of Psychology* 65 (2014): 333–71.

减少压力体验后的无益反思……Koole, Sander L., Karianne Smeets, Ad Van Knippenberg, and Ap Dijksterhuis. "The Cessation of Rumination Through Self- Affirmation." *Journal of Personality and Social Psychology* 77, no. 1 (1999): 111–25.

它帮助人们……Sherman, David K., Kimberly A.

Hartson, Kevin R. Binning, Valerie Purdie-Vaughns, Julio Garcia, Suzanne Taborsky-Barba, Sarah Tomassetti, A. David Nussbaum, and Geoffrey L. Cohen. "Deflecting the Trajectory and Changing the Narrative: How Self-Affirmation Affects Academic Performance and Motivation Under Identity Threat." *Journal of Personality and Social Psychology* 104, no. 4 (2013): 591–618. Siegel, Phyllis A., Joanne Scillitoe, and Rochelle Parks-Yancy. "Reducing the Tendency to Self- Handicap: The Effect of Self-Affirmation." *Journal of Experimental Social Psychology* 41, no. 6 (2005): 589–97.

在安大略滑铁卢大学做的一项研究中……Fotuhi, Omid. "Implicit Processes in Smoking Interventions." A thesis presented to the University of Waterloo in fulfillment of the requirements for the Ph.D. degree. Walton, Gregory M., Christine Logel, Jennifer M. Peach, Steven J. Spencer, and Mark P. Zanna. "Two Brief Interventions to Mitigate a 'Chilly Climate' Transform Women's Experience, Relationships, and Achievement in Engineering." *Journal of Educational Psychology* (2014, in press).

项目结束……Krasner, Michael S., Ronald M. Epstein, Howard Beckman, Anthony L. Suchman, Benjamin Chapman, Christopher J. Mooney, and Timothy E. Quill. "Association of an Educational Program in Mindful Communication with Burnout, Empathy, and Attitudes Among Primary Care Physicians." *JAMA* 302, no. 12 (2009): 1284–93. Details about the intervention were also sourced from facilitator training materials provided by the program creators.

就像一位医生说的："感觉……" Physician quote from interviews reported in Beckman, Howard B., Melissa Wendland, Christopher Mooney, Michael S. Krasner, Timothy E. Quill, Anthony L. Suchman, and Ronald M. Epstein. "The Impact of a Program in Mindful Communication on Primary Care Physicians." *Academic Medicine* 87, no. 6 (2012): 815–19.

心理学家发现……Elliot, Andrew J., Constantine Sedikides, Kou Murayama, Ayumi Tanaka, Todd M. Thrash, and Rachel R. Mapes. "Cross-Cultural Generality and Specificity in Self-Regulation: Avoidance of Personal Goals and Multiple Aspects of Well-Being in the United States and Japan." *Emotion* 12, no. 5 (2012): 1031–40.

针对日本同志社大学学生的一项研究表明……同上

比如说……研究人员……Oertig, Daniela, Julia Schüler, Jessica Schnelle, Veronika Brandstätter, Marieke Roskes, and Andrew J. Elliot. "Avoidance of Goal Pursuit Depletes Self-Regulatory Resources." *Journal of Personality* 81, no. 4 (2013): 365–75.

参与者无论起点……Holahan, Charles J., Rudolf H. Moos, Carole K. Holahan, Penny L. Brennan, and Kathleen K. Schutte. "Stress Generation, Avoidance Coping, and Depressive Symptoms: A 10-year model." *Journal of Consulting and Clinical Psychology* 73, no. 4 (2005): 658 66.

如同心理学者理查德·瑞恩、韦罗妮卡·胡塔……Richard M., Veronika Huta, and Edward L. Deci. "Living Well: A Self- Determination Theory Perspective on Eudaimonia." *The Exploration of Happiness*, 117–39. Springer Netherlands, 2013.

麦迪回忆……Maddi, Salvatore R. "The Story of Hardiness: Twenty Years of Theorizing, Research, and Practice." *Consulting Psychology Journal: Practice and Research* 54, no. 3 (2002): 173–85. Quote appears on page 174.

麦迪把这种态度……Maddi, Salvatore R. "On Hardiness and Other Pathways to Resilience." *American Psychologist* 60, no. 3 (2005): 261–62. Maddi, Salvatore R. "The Courage and Strategies of Hardiness as Helpful in Growing Despite Major, Disruptive Stresses." *American Psychologist* 63, no. 6 (2008): 563–64. Kobasa, Suzanne C., Salvatore R. Maddi, and Stephen Kahn. "Hardiness and Health: A Prospective Study." *Journal of Personality and Social Psychology* 42, no. 1 (1982): 168–77.

"当想到童兵时"…… Quote originally appeared in Drexer, Madeline. "Life After Death: Helping Former Child Soldiers Become Whole Again." *Harvard Public Health Review*, Fall 2011: 18–25.

贝当古……战地研究……Betancourt, Theresa S., Stephanie Simmons, Ivelina Borisova, Stephanie E. Brewer, Uzo Iweala, and Marie de la Soudière. "High Hopes, Grim Reality: Reintegration and the Education of Former Child Soldiers in Sierra Leone." *Comparative Education Review* 52, no. 4 (2008): 565–87. Betancourt, Theresa S., Robert T. Brennan, Julia Rubin- Smith, Garrett M. Fitzmaurice, and Stephen E. Gilman. "Sierra Leone's Former Child Soldiers: A Longitudinal Study of Risk, Protective Factors, and Mental Health." *Journal of the American Academy of Child and Adolescent Psychiatry* 49, no. 6 (2010): 606– 15. Betancourt, Theresa Stichick, Sarah Meyers-Ohki, Sara N. Stulac, Amy Elizabeth Barrera, Christina Mushashi, and William R. Beardslee. "Nothing Can Defeat Combined Hands (Abashize hamwe ntakibananira): Protective Processes and Resilience in Rwandan Children and Families Affected by HIV/AIDS." *Social Science and Medicine* 73, no. 5 (2011): 693–701.

**第四章 全身心投入：**
**拥抱焦虑能帮助你更好地应对挑战**

布鲁克斯设计了一个实验……Brooks, Alison Wood. "Get Excited: Reappraising Pre-Performance Anxiety as Excitement." *Journal of Experimental Psychology*: General 143, no. 3 (2014): 1144–58.

肾上腺素提高的……Dienstbier, Richard A. "Arousal and Physiological Toughness: Implications for Mental and Physical Health." *Psychological Review* 96, no. 1 (1989): 84–100.

特种兵、突击队员和海军……Morgan, Charles A., Sheila Wang, Ann Rasmusson, Gary Hazlett, George Anderson, and Dennis S. Charney. "Relationship Among

Plasma Cortisol, Catecholamines, Neuropeptide Y, and Human Performance During Exposure to Uncontrollable Stress." *Psychosomatic Medicine* 63, no. 3 (2001): 412–22.

**军官**……Meyerhoff, James L., William Norris, George A. Saviolakis, Terry Wollert, Bob Burge, Valerie Atkins, and Charles Spielberger. "Evaluating Performance of Law Enforcement Personnel During a Stressful Training Scenario." *Annals of the New York Academy of Sciences* 1032, no. 1 (2004): 250–53.

**人们认为**……Jamieson, Jeremy P., Wendy Berry Mendes, Erin Blackstock, and Toni Schmader. "Turning the Knots in Your Stomach into Bows: Reappraising Arousal Improves Performance on the GRE." *Journal of Experimental Social Psychology* 46, no. 1 (2010): 208–12.

**在里斯本大学**……Strack, Juliane, and Francisco Esteves. "Exams? Why Worry? The Relationship Between Interpreting Anxiety as Facilitative, Stress Appraisals, Emotional Exhaustion, and Academic Performance." *Anxiety, Stress, and Coping: An International Journal* (2014): 1–10. doi: 10.1080/10615806.2014 .931942.

**雅各布大学的研究人员**……Strack, Juliane, Paulo N. Lopes, and Francisco Esteves. "Will You Thrive Under Pressure or Burn Out? Linking Anxiety Motivation and Emotional Exhaustion." *Cognition and Emotion.* Published electronically June 3, 2014: 1–14. doi: 10.1080/02699931.2014.922934.

**他们的兴奋**……Allison, Amber L., Jeremy C. Peres, Christian Boettger, Uwe Leonbacher, Paul D. Hastings, and Elizabeth A. Shirtcliff. "Fight, Flight, or Fall: Autonomic Nervous System Reactivity During Skydiving." *Personality and Individual Differences* 53, no. 3 (2012): 218–23.

**比例只有25%**……Adelson, Rachel. "Nervous About Numbers: Brain Patterns Reflect Math Anxiety." *Association for Psychological Science Observer* 27, no. 7 (2014): 35–37.

**重要的是信息**……McKay, Brad, Rebecca Lewthwaite, and Gabriele Wulf. "Enhanced Expectancies Improve Performance Under Pressure." *Frontiers in Psychology* 3 (2012): 1–5.

**阿尔图斯看到**……Information on the Cuyahoga Community College stress mindset intervention is from interviews and personal conversations with Aaron Altose and Jeremy Jamieson. For more information about the Achieving the Dream Network, see http://achievingthedream.org. For more information about the Carnegie Foundation for the Advancement of Teaching and the Alpha Lab Research Network, see http://commons.carnegiefoundation.org.

**中老年人**……Yancura, Loriena A., Carolyn M. Aldwin, Michael R. Levenson, and Avron Spiro. "Coping, Affect, and the Metabolic Syndrome in Older Men: How Does Coping Get Under the Skin?" Journals of Gerontology Series B: *Psychological Sciences and Social Sciences* 61, no. 5 (2006): P295–P303.

**弗雷明汉心脏研究中**……Jefferson, Angela L., Jayandra J. Himali, Alexa S. Beiser, Rhoda Au, Joseph M. Massaro, Sudha Seshadri, Philimon Gona, et al. "Cardiac Index Is Associated with Brain Aging: The Framingham Heart Study." *Circulation* 122, no. 7 (2010): 690–97.

**商业谈判中，挑战**……de Wit, Frank R.C., Karen A. Jehn, and Daan Scheepers. "Negotiating Within Groups: A Psychophysiological Approach." *Research on Managing Groups and Teams* 14 (2011): 207–38.

**有挑战反应的学生**……Seery, Mark D., Max Weisbuch, Maria A. Hetenyi, and Jim Blascovich. "Cardiovascular Measures Independently Predict Performance in a University Course." *Psychophysiology* 47, no. 3 (2010): 535–39. Turner, Martin J., Marc V. Jones, David Sheffield, and Sophie L. Cross. "Cardiovascular Indices of Challenge and Threat States Predict Competitive Performance." *International Journal of Psychophysiology* 86, no. 1 (2012): 48–57.

**医生更专注**……Vine, Samuel J., Paul Freeman, Lee J. Moore, Roy Chandra-Ramanan, and Mark R. Wilson. "Evaluating Stress as a Challenge Is Associated with Superior Attentional Control and Motor Skill Performance: Testing the Predictions of the Biopsychosocial Model of Challenge and Threat." *Journal of Experimental Psychology: Applied* 19, no. 3 (2013): 185–94.

**面对机械失灵**……Vine, Samuel J., Liis Uiga, Aureliu Lavric, Lee J. Moore, Krasimira Tsaneva-Atanasova, and Mark R. Wilson. "Individual Reactions to Stress Predict Performance During a Critical Aviation Incident." *Anxiety, Stress, and Coping.* (Ahead of print, 2014): 1–22.

**你从压力体验中学到**……van Wingen, Guido A., Elbert Geuze, Eric Vermetten, and Guillén Fernández. "Perceived Threat Predicts the Neural Sequelae of Combat Stress." *Molecular Psychiatry* 16, no. 6 (2011): 664–71.

**迅速将恐惧转为**……Shnabel, Nurit, Valerie Purdie-Vaughns, Jonathan E. Cook, Julio Garcia, and Geoffrey L. Cohen. "Demystifying Values-Affirmation Interventions: Writing About Social Belonging Is a Key to Buffering Against Identity Threat." *Personality and Social Psychology Bulletin* 39, no. 5 (2013): 663–76. Cooper, Denise C., Julian F. Thayer, and Shari R. Waldstein. "Coping with Racism: The Impact of Prayer on Cardiovascular Reactivity and Post-Stress Recovery in African American Women." *Annals of Behavioral Medicine* 47, no. 2 (2014): 218–30. Krause, Neal. "The Perceived Prayers of Others, Stress, and Change in Depressive Symptoms over Time." *Review of Religious Research* 53, no. 3 (2011): 341–56.

**开发出来以后**……Allen, Andrew P., Paul J. Kennedy, John F. Cryan, Timothy G. Dinan, and Gerard Clarke. "Biological and Psychological Markers of Stress in Humans: Focus on the Trier Social Stress Test." *Neuroscience and Biobehavioral Reviews* 38 (2014): 94–124.

**一项研究发现，当人们**……Lyons, Ian M., and Sian L. Beilock. "When Math Hurts: Math Anxiety Predicts Pain

Network Activation in Anticipation of Doing Math." *PLOS ONE* 7, no. 10 (2012): e48076. See also Maloney, Erin A., Marjorie W. Schaeffer, and Sian L. Beilock. "Mathematics Anxiety and Stereotype Threat: Shared Mechanisms, Negative Consequences and Promising Interventions." *Research in Mathematics Education* 15, no. 2 (2013): 115–28.

重新思考压力将他们的反应……Jamieson, Jeremy P., Matthew K. Nock, and Wendy Berry Mendes. "Mind over Matter: Reappraising Arousal Improves Cardiovascular and Cognitive Responses to Stress." *Journal of Experimental Psychology: General* 141, no. 3 (2012): 417–22. See also: Jamieson, Jeremy P., Matthew K. Nock, and Wendy Berry Mendes. "Changing the Conceptualization of Stress in Social Anxiety Disorder Affective and Physiological Consequences." *Clinical Psychological Science* 1, no. 4 (2013): 363–74.

贾米森雇用观察员……Beltzer, Miranda L., Matthew K. Nock, Brett J. Peters, and Jeremy P. Jamieson. "Rethinking Butterflies: The Affective, Physiological, and Performance Effects of Reappraising Arousal During Social Evaluation." *Emotion* 14, no. 4 (2014): 761–68.

在贾米森的研究中……Mauss, Iris, Frank Wilhelm, and James Gross. "Is There Less to Social Anxiety Than Meets the Eye? Emotion Experience, Expression, and Bodily Responding." *Cognition and Emotion* 18, no. 5 (2004): 631–42. See also Anderson, Emily R., and Debra A. Hope. "The Relationship Among Social Phobia, Objective and Perceived Physiological Reactivity, and Anxiety Sensitivity in an Adolescent Population." *Journal of Anxiety Disorders* 23, no. 1 (2009): 18–26.

苏·科特最近……Personal interview conducted with Sue Cotter on December 4, 2014.

研究中，工作人员……Lambert, Jessica E., Charles C. Benight, Tamra Wong, and Lesley E. Johnson. "Cognitive Bias in the Interpretation of Physiological Sensations, Coping Self-Efficacy, and Psychological Distress After Intimate Partner Violence." *Psychological Trauma: Theory, Research, Practice, and Policy* 5, no. 5 (2013): 494–500.

知道你足以面对……Benight, Charles C., and Albert Bandura. "Social Cognitive Theory of Posttraumatic Recovery: The Role of Perceived Self-Efficacy." *Behaviour Research and Therapy* 42, no. 10 (2004): 1129–48

### 第五章 内在联结：压力能经常使人更具关怀性，提升抗挫力

在对动物和……Taylor, Shelley E., Laura Cousino Klein, Brian P. Lewis, Tara L. Gruenewald, Regan A.R. Gurung, and John A. Updegraff. "Biobehavioral Responses to Stress in Females: Tend-and-Befriend, Not Fight-or-Flight." Psychological Review 107, no. 3 (2000): 411–29. Taylor, Shelley E., and Sarah L. Master. "Social Responses to Stress: The Tend-and-Befriend Model." In *The Handbook of Stress Science: Biology, Psychology, and Health*, edited by Richard Contrada and Andrew Baum, 101–9. New York: Spinger, 2011.

它也释放……Geary, David C., and Mark V. Flinn. "Sex Differences in Behavioral and Hormonal Response to Social Threat: Commentary on Taylor et al. (2000)." *Psychological Review* 104, no. 4 (2002): 745–50. Buchanan, Tony W., and Stephanie D. Preston. "Stress Leads to Prosocial Action in Immediate Need Situations." *Frontiers in Behavioral Neuroscience* 8, no. 5 (2014): 1–6. Koranyi, Nicolas, and Klaus Rothermund. "Automatic Coping Mechanisms in Committed Relationships: Increased Interpersonal Trust as a Response to Stress." *Journal of Experimental Social Psychology* 48, no. 1 (2012): 180–85.

但这只是……一部分……Keltner, Dacher, Aleksandr Kogan, Paul K. Piff, and Sarina R. Saturn. "The Sociocultural Appraisals, Values, and Emotions (SAVE) Framework of Prosociality: Core Processes from Gene to Meme." *Annual Review of Psychology* 65 (2014): 425–60.

加州大学洛杉矶分校神经科学家的一个研究……Inagaki, Tristen K., and Naomi I. Eisenberger. "Neural Correlates of Giving Support to a Loved One." *Psychosomatic Medicine* 74, no. 1 (2012): 3–7.

时间匮乏不仅仅是……Strazdins, Lyndall, Amy L. Griffin, Dorothy H. Broom, Cathy Banwell, Rosemary Korda, Jane Dixon, Francesco Paolucci, and John Glover. "Time Scarcity: Another Health Inequality?" *Environment and Planning, Part A* 43, no. 3 (2011): 545–59.

沃顿商学院的研究人员……Mogilner, Cassie, Zoë Chance, and Michael I. Norton. "Giving Time Gives You Time." *Psychological Science* 23, no. 10 (2012): 1233–38.

比如说，人们错误地预期……Aknin, Lara B., Elizabeth W. Dunn, and Michael I. Norton. "Happiness Runs in a Circular Motion: Evidence for a Positive Feedback Loop Between Prosocial Spending and Happiness." *Journal of Happiness Studies* 13, no. 2 (2012): 347–55.

大脑变化更活跃……Harbaugh, William T., Ulrich Mayr, and Daniel R. Burghart. "Neural Responses to Taxation and Voluntary Giving Reveal Motives for Charitable Donations." *Science* 316, no. 5831 (2007): 1622–25.

詹妮弗·克罗克休公假……Personal interview conducted with Jennifer Crocker on April 29, 2014.

该活动聚焦在……I have not taken the Learning as Leadership workshop that inspired Jennifer Crocker's research, but you can learn more about their programs at www .learnaslead.com.

它与你如何看待……Nuer, Lara. "Learning as Leadership: A Methodology for Organizational Change Through Personal Mastery." *Performance Improvement* 38, no. 10 (1999): 9–13.

克罗克和同事……Crocker, Jennifer, Marc-Andre Olivier, and Noah Nuer. "Self-Image Goals and Compassionate Goals: Costs and Benefits." *Self and Identity* 8, no. 2–3 (2009): 251–69. Crocker, Jennifer. "The Paradoxical Consequences of Interpersonal Goals: Relationships, Distress, and the Self." *Psychological Studies* 56, no. 1 (2011): 142–50. Crocker, Jennifer, Amy Canevello, and M. Liu. "Five Consequences of Self-Image and Compassionate Goals." *Advances in Experimental Social Psychology* 45 (2012): 229–77.

在一个研究中，克罗克与……Abelson, James L., Thane M. Erickson, Stefanie E. Mayer, Jennifer Crocker, Hedieh Briggs, Nestor L. Lopez-Duran, and Israel Liberzon. "Brief Cognitive Intervention Can Modulate Neuroendocrine Stress Responses to the Trier Social Stress Test: Buffering Effects of a Compassionate Goal Orientation." *Psychoneuroendocrinology* 44 (2014): 60–70.

戴维·耶格尔……Yeager, David S., Marlone Henderson, David Paunesku, Gregory M. Walton, Sidney D'Mello, Brian J. Spitzer, and Angela Lee Duckworth. "Boring but Important: A Self-Transcendent Purpose for Learning Fosters Academic Self- Regulation." *Regulation* (2014, in press).

同时也刺激了……Jack, Anthony I., Richard E. Boyatzis, Masud S. Khawaja, Angela M. Passarelli, and Regina L. Leckie. "Visioning in the Brain: An fMRI Study of Inspirational Coaching and Mentoring." *Social Neuroscience* 8, no. 4 (2013): 369–84.

莫妮卡·沃林……创始人……Personal interview conducted with Monica Worline on August 5, 2014.

2013年……研究人员……Hernandez, Morela, Megan F. Hess, and Jared D. Harris. "Leaning into the Wind: Hardship, Stakeholder Relationships, and Organizational Resilience." In *Academy of Management Proceedings*, vol. 2013, no. 1, 16640. Academy of Management, 2013.

他们花更多时间……Frazier, Patricia, Christiaan Greer, Susanne Gabrielsen, Howard Tennen, Crystal Park, and Patricia Tomich. "The Relation Between Trauma Exposure and Prosocial Behavior." *Psychological Trauma: Theory, Research, Practice, and Policy* 5, no. 3 (2013): 286–94.

作为学者，他本想……Staub, Ervin, and Johanna Vollhardt. "Altruism Born of Suffering: The Roots of Caring and Helping After Victimization and Other Trauma." *American Journal of Orthopsychiatry* 78, no. 3 (2008): 267–80.

从更大范围讲，斯托布发现……Vollhardt, Johanna R., and Ervin Staub. "Inclusive Altruism Born of Suffering: The Relationship Between Adversity and Prosocial Attitudes and Behavior Toward Disadvantaged Outgroups." *American Journal of Orthopsychiatry* 81, no. 3 (2011): 307–15.

换句话说，就是你认为……Taylor, Peter James, Patricia Gooding, Alex M. Wood, and Nicholas Tarrier. "The Role of Defeat and Entrapment in Depression, Anxiety, and Suicide." *Psychological Bulletin* 137, no. 3 (2011): 391–420.

提供食物的一位妇女……Steffen, Seana Lowe, and Alice Fothergill. "9/11 Volunteerism: A Pathway to Personal Healing and Community Engagement." *Social Science Journal* 46, no. 1 (2009): 29–46.

志愿者……Cristea, Ioana A., Emanuele Legge, Marta Prosperi, Mario Guazzelli, Daniel David, and Claudio Gentili. "Moderating Effects of Empathic Concern and Personal Distress on the Emotional Reactions of Disaster Volunteers." *Disasters* 38, no. 4 (2014): 740–52.

配偶去世后……Brown, Stephanie L., R. Michael Brown, James S. House, and Dylan M. Smith. "Coping with Spousal Loss: Potential Buffering Effects of Self-Reported Helping Behavior." *Personality and Social Psychology Bulletin* 34, no. 6 (2008): 849–61.

自然灾害的幸存者……Doran, Jennifer M., Ani Kalayjian, Loren Toussaint, and Diana Maria Mendez. "Posttraumatic Stress and Meaning Making in Mexico City." *Psychology and Developing Societies* 26, no. 1 (2014): 91–114.

长期患病的人……Arnstein, Paul, Michelle Vidal, Carol Wells-Federman, Betty Morgan, and Margaret Caudill. "From Chronic Pain Patient to Peer: Benefits and Risks of Volunteering." *Pain Management Nursing* 3, no. 3 (2002): 94–103.

恐怖袭击的受害者……Kleinman, Stuart B. "A Terrorist Hijacking: Victims' Experiences Initially and 9 Years Later." *Journal of Traumatic Stress* 2, no. 1 (1989): 49–58.

经历了致命疾病……Sullivan, Gwynn B., and Martin J. Sullivan. "Promoting Wellness in Cardiac Rehabilitation: Exploring the Role of Altruism." *Journal of Cardiovascular Nursing* 11, no. 3 (1997): 43–52.

在一项开创性的研究中……Poulin, Michael J., and E. Alison Holman. "Helping Hands, Healthy Body? Oxytocin Receptor Gene and Prosocial Behavior Interact to Buffer the Association Between Stress and Physical Health." *Hormones and Behavior* 63, no. 3 (2013): 510–17.

研究人员跟踪了……846名男女……Poulin, Michael J., Stephanie L. Brown, Amanda J. Dillard, and Dylan M. Smith. "Giving to Others and the Association Between Stress and Mortality." *American Journal of Public Health* 103, no. 9 (2013): 1649–55.

布法罗大学的研究……Poulin, Michael J., and E. Alison Holman. "Helping Hands, Healthy Body? Oxytocin Receptor Gene and Prosocial Behavior Interact to Buffer the Association between Stress and Physical Health." *Hormones and Behavior* 63, no. 3 (2013): 510–17.

同样……年轻人……Quotes from EMS Corps trainees and Alameda County Health Care Services Agency director Alex Briscoe appear in these videos, produced by EMS Corps: Emergency Medical Services Corps (EMS Corps): "Providing an Opportunity for Young Men to Become Competent and Successful Health Care Providers" (http://www.rwjf.org/en/about-rwjf/newsroom /newsroom-content/2014/01/ems- corps-video.html) and "EMS Corps Students Reflect on Heart 2 Heart Door-to-Door Blood Pressure Screening Event (https://www.youtube.com/watch?v= gSkwqLqP2tE).

在一项研究中……学生……Schreier, Hannah M.C.,

Kimberly A. Schonert-Reichl, and Edith Chen. "Effect of Volunteering on Risk Factors for Cardiovascular Disease in Adolescents: A Randomized Controlled Trial." *JAMA Pediatrics* 167, no. 4 (2013): 327–32.

参与该项目的老兵……Yount, Rick, Elspeth Cameron Ritchie, Matthew St. Laurent, Perry Chumley, and Meg Daley Olmert. "The Role of Service Dog Training in the Treatment of Combat-Related PTSD." *Psychiatric Annals* 43, no. 6 (2013): 292–95.

我握着他的手，为之祈祷……Direct quote from an inmate caregiver about his experience caring for a dying inmate. From Loeb, Susan J., Christopher S. Hollenbeak, Janice Penrod, Carol A. Smith, Erin Kitt-Lewis, and Sarah B. Crouse. "Care and Companionship in an Isolating Environment: Inmates Attending to Dying Peers." *Journal of Forensic Nursing* 9, no. 1 (2013): 35–44. The quote is on page 39.

苏珊·勒布……Ibid. See also Wright, Kevin N., and Laura Bronstein. "An Organizational Analysis of Prison Hospice." *Prison Journal* 87, no. 4 (2007): 391–407.

就像一个人在匿名调查里写的那样……Cloyes, Kristin G., Susan J. Rosenkranz, Dawn Wold, Patricia H. Berry, and Katherine P. Supiano. "To Be Truly Alive: Motivation Among Prison Inmate Hospice Volunteers and the Transformative Process of End-of-Life Peer Care Service." *American Journal of Hospice and Palliative Medicine* (2013): 1–14.

临终关怀……同上。

读下面四句话……These items are from the isolation and common humanity subscales of Kristin Neff's Self-Compassion Scale. Neff, Kristin D. "The Development and Validation of a Scale to Measure Self-Compassion." *Self and Identity* 2, no. 3 (2003): 223–50.

感觉孤独的人……Allen, Ashley Batts, and Mark R. Leary. "Self-Compassion, Stress, and Coping." *Social and Personality Psychology Compass* 4, no. 2 (2010): 107–118. Neff, Kristin D. "The Development and Validation of a Scale to Measure Self- Compassion." *Self and Identity* 2, no. 3 (2003): 223–50.

他们更愿意公开……Gilbert, Paul, Kristen McEwan, Francisco Catarino, and Rita Baião. "Fears of Compassion in a Depressed Population Implication for Psychotherapy." *Journal of Depression and Anxiety S* 2 (2014): doi: 10.4172/2167-1044.S2-003. Jazaieri, Hooria, Geshe Thupten Jinpa, Kelly McGonigal, Erika L. Rosenberg, Joel Finkelstein, Emiliana Simon-Thomas, Margaret Cullen, James R. Doty, James J. Gross, and Philippe R. Goldin. "Enhancing Compassion: A Randomized Controlled Trial of a Compassion Cultivation Training Program." *Journal of Happiness Studies* 14, no. 4 (2013): 1113–26.

他们也善于……Barnard, Laura K., and John F. Curry. "The Relationship of Clergy Burnout to Self-Compassion and Other Personality Dimensions." *Pastoral Psychology* 61, no. 2 (2012): 149–63. Raab, Kelley. "Mindfulness, Self-Compassion, and Empathy Among Health Care Professionals: A Review of the Literature." *Journal of Health Care Chaplaincy* 20, no. 3 (2014): 95–108. Abaci, Ramazan, and Devrim Arda. "Relationship Between Self-Compassion and Job Satisfaction in White Collar Workers." *Procedia—Social and Behavioral Sciences* 106 (2013): 2241–47.

然而，尽管意识到……Jordan, Alexander H., Benoît Monin, Carol S. Dweck, Benjamin J. Lovett, Oliver P. John, and James J. Gross. "Misery Has More Company Than People Think: Underestimating the Prevalence of Others' Negative Emotions." *Personality and Social Psychology Bulletin* 37, no. 1 (2011): 120–35.

我们经常通过别人……Orsillo, Susan M., and Lizabeth Roemer. *The Mindful Way through Anxiety: Break Free from Chronic Worry and Reclaim Your Life* 161, Guilford Press, 2011.

因为别人的痛苦……McGonigal, Kelly. "The Mindful Way to Self-Compassion." *Shambala Sun* (July 2011): 77.

虽然多数人意识到……Fay, Adam J., Alexander H. Jordan, and Joyce Ehrlinger. "How Social Norms Promote Misleading Social Feedback and Inaccurate Self-Assessment." *Social and Personality Psychology Compass* 6, no. 2 (2012): 206–16.

研究表明，花时间……Burke, Moira, Cameron Marlow, and Thomas Lento. "Social Network Activity and Social Well-Being." In *Proceedings of the SIGCHI Conference on Human Factors in Computing Systems*, 1909–12. Association for Computing Machinery, 2010. Lou, Lai Lei, Zheng Yan, Amanda Nickerson, and Robert McMorris. "An Examination of the Reciprocal Relationship of Loneliness and Facebook Use Among First-Year College Students." *Journal of Educational Computing Research* 46, no. 1 (2012): 105–117. Krasnova, Hanna, Helena Wenninger, Thomas Widjaja, and Peter Buxmann. "Envy on Facebook: A Hidden Threat to Users' Life Satisfaction?" (2013).

探索了这个问题……For more information about my research with the Stanford Center for Compassion and Altruism Research and Education (ccare.stanford.edu) on cultivating a mindset of common humanity, see Jazaieri, Hooria, Kelly Mc-Gonigal, Thupten Jinpa, James R. Doty, James J. Gross, and Philippe R. Goldin. "A Randomized Controlled Trial of Compassion Cultivation Training: Effects on Mindfulness, Affect, and Emotion Regulation." *Motivation and Emotion* 38, no. 1 (2014): 23–35. Jazaieri, Hooria, Geshe Thupten Jinpa, Kelly McGonigal, Erika L. Rosenberg, Joel Finkelstein, Emiliana Simon-Thomas, Margaret Cullen, James R. Doty, James J. Gross, and Philippe R. Goldin. "Enhancing Compassion: A Randomized Controlled Trial of a Compassion Cultivation Training Program." *Journal of Happiness Studies* 14, no. 4 (2013): 1113–26.

弗劳尔斯和费南迪斯……联合创办了晚餐聚会……Information about the Dinner Party can be found at http: // thedinnerparty.org/. Personal interview conducted with Lennon

Flowers on August 18, 2014.

像联合创立晚餐聚会的弗劳尔斯……Garcia, Julie A., and Jennifer Crocker. “Reasons for Disclosing Depression Matter: The Consequences of Having Egosystem and Ecosystem Goals.” *Social Science and Medicine* 67, no. 3 (2008): 453–62. Newheiser, Anna-Kaisa, and Manuela Barreto. “Hidden Costs of Hiding Stigma: Ironic Interpersonal Consequences of Concealing a Stigmatized Identity in Social Interactions.” *Journal of Experimental Social Psychology* 52 (2014): 58–70.

“Sole Train”是一个跑步和辅导项目……More information about Sole Train can be found at http://www.trinityinspires. org/sole-train/. Personal interview conducted with Jessica Leffler on March 21, 2014.

一个学生让……Martha Ross, “Stress: It's Contagious,” San Jose Mercury News, July 27, 2014, D1–D3.

同情心的反应……Buchanan, Tony W., Sara L. Bagley, R. Brent Stansfield, and Stephanie D. Preston. “The Empathic, Physiological Resonance of Stress.” *Social Neuroscience* 7, no. 2 (2012): 191–201.

## 第六章 幸福成长：痛苦使你坚强，即使痛苦正当下，未来尚模糊

比如说，当被问及……Aldwin, Carolyn M., Karen J. Sutton, and Margie Lachman. “The Development of Coping Resources in Adulthood.” *Journal of Personality* 64, no. 4 (1996): 837–71.

他声称，痛苦……Seery, Mark D., E. Alison Holman, and Roxane Cohen Silver. “Whatever Does Not Kill Us: Cumulative Lifetime Adversity, Vulnerability, and Resilience.” *Journal of Personality and Social Psychology* 99, no. 6 (2010): 1025–41. Seery, Mark D. “Resilience a Silver Lining to Experiencing Adverse Life Events?” *Current Directions in Psychological Science* 20, no. 6 (2011): 390–94. Seery, Mark D., Raphael J. Leo, Shannon P. Lupien, Cheryl L. Kondrak, and Jessica L. Almonte. “An Upside to Adversity? Moderate Cumulative Lifetime Adversity Is Associated with Resilient Responses in the Face of Controlled Stressors.” *Psychological Science* 24, no. 7 (2013): 1181–89. All quotes, along with some study details and interpretation, come from a personal conversation with Mark Seery on July 9, 2014.

在长期背痛的成年人中……Seery, Mark D., Raphael J. Leo, E. Alison Holman, and Roxane Cohen Silver. “Lifetime Exposure to Adversity Predicts Functional Impairment and Healthcare Utilization Among Individuals with Chronic Back Pain.” *Pain* 150, no. 3 (2010): 507–15.

警员……Burke, Karena J., and Jane Shakespeare-Finch. “Markers of Resilience in New Police Officers Appraisal of Potentially Traumatizing Events.” *Traumatology* 17, no. 4 (2011): 52–60.

13名学生……For more information about ScholarMatch, visit scholarmatch.org.

因为这个，他们的成绩提高了……Yeager, David Scott, Valerie Purdie-Vaughns, Julio Garcia, Nancy Apfel, Patti Brzustoski, Allison Master, William T. Hessert, Matthew E. Williams, and Geoffrey L. Cohen. “Breaking the Cycle of Mistrust: Wise Interventions to Provide Critical Feedback Across The Racial Divide.” *Journal of Experimental Psychology: General* 143, no. 2 (2014): 804–24.

一种被称为“转化—坚持”的应对措施……Chen, Edith, and Gregory E. Miller. “Shift-and-Persist Strategies: Why Low Socioeconomic Status Isn't Always Bad for Health.” *Perspectives on Psychological Science* 7, no. 2 (2012): 135–158.

心理学家……称为创伤后成长……Tedeschi, Richard G., and Lawrence G. Calhoun. “Posttraumatic Growth: Conceptual Foundations and Empirical Evidence.” *Psychological Inquiry* 15, no. 1 (2004): 1–18. Sample post-traumatic growth items from Tedeschi, Richard G., and Lawrence G. Calhoun. “The Posttraumatic Growth Inventory: Measuring the Positive Legacy of Trauma.” *Journal of Traumatic Stress* 9, no. 3 (1996): 455–71.

然而，它绝不罕见……Laufer, Avital, and Zahava Solomon. “Posttraumatic Symptoms and Posttraumatic Growth Among Israeli Youth Exposed to Terror Incidents.” *Journal of Social and Clinical Psychology* 25, no. 4 (2006): 429–47. Siegel, Karolynn, and Eric W. Schrimshaw. “Perceiving Benefits in Adversity: Stress-Related Growth in Women Living with HIV/ AIDS.” *Social Science and Medicine* 51, no. 10 (2000): 1543–54. Shakespeare-Finch, Jane E., S.G. Smith, Kathryn M. Gow, Gary Embelton, and L. Baird. “The Prevalence of Post-Traumatic Growth in Emergency Ambulance Personnel.” *Traumatology* 9, no. 1 (2003): 58–71.

2013年一份……研究宣称……Cho, Dalnim, and Crystal L. Park. “Growth Following Trauma: Overview and Current Status.” *Terapia Psicologica* 31, no. 1 (2013): 69–79.

实际上……人们一般既……Baker, Jennifer M., Caroline Kelly, Lawrence G. Calhoun, Arnie Cann, and Richard G. Tedeschi. “An Examination of Posttraumatic Growth and Posttraumatic Depreciation: Two Exploratory Studies.” *Journal of Loss and Trauma* 13, no. 5 (2008): 450–65. Tsai, J., R. El-Gabalawy, W.H. Sledge, S.M. Southwick, and R.H. Pietrzak. “ Post-Traumatic Growth Among Veterans in the USA: Results from the National Health and Resilience in Veterans Study.” *Psychological Medicine*: 1–15.

2014年针对42份研究的分析……Shakespeare-Finch, Jane, and Janine Lurie-Beck. “A Meta-Analytic Clarification of the Relationship Between Posttraumatic Growth and Symptoms of Posttraumatic Distress Disorder.” *Journal of Anxiety Disorders* 28, no. 2 (2014): 223–29.

它驱动了……心理程序……Kehl, Doris, Daniela Knuth, Markéta Holubová, Lynn Hulse, and Silke Schmidt. “Relationships Between Firefighters' Postevent Distress and Growth at Different Times After Distressing Incidents.” *Traumatology* 20, no. 4 (2014): 253–61. Lowe, Sarah R., Emily

E. Manove, and Jean E. Rhodes. "Posttraumatic Stress and Posttraumatic Growth Among Low-Income Mothers Who Survived Hurricane Katrina." *Journal of Consulting and Clinical Psychology* 81, no. 5 (2013): 877–89.

詹妮弗・怀特……的例子……Information about Jennifer White's Hope After Project, including her personal story and how to get involved, is available at http://www.hopeafterproject .com. Personal interview conducted on December 12, 2014.

看到好处的人……Affleck, Glenn, Howard Tennen, Sydney Croog, and Sol Levine. "Causal Attribution, Perceived Benefits, and Morbidity After a Heart Attack: An 8-Year Study." *Journal of Consulting and Clinical Psychology* 55, no. 1 (1987): 29–35.

HIV阳性妇女……Ickovics, Jeannette R., Stephanie Milan, Robert Boland, Ellie Schoenbaum, Paula Schuman, David Vlahov, and HIV Epidemiology Research Study (HERS) Group. "Psychological Resources Protect Health: 5-Year Survival and Immune Function Among HIV-Infected Women from Four U.S. Cities." *AIDS* 20, no. 14 (2006): 1851–60.

那些……男女……Danoff-Burg, Sharon, and Tracey A. Revenson. "Benefit-Finding Among Patients with Rheumatoid Arthritis: Positive Effects on Interpersonal Relationships." *Journal of Behavioral Medicine* 28, no. 1 (2005): 91–103.

举例说，那些照料……Mavandadi, Shahrzad, Roseanne Dobkin, Eugenia Mamikonyan, Steven Sayers, Thomas Ten Have, and Daniel Weintraub. "Benefit Finding and Relationship Quality in Parkinson's Disease: A Pilot Dyadic Analysis of Husbands and Wives." *Journal of Family Psychology* 28, no. 5 (2014): 728–34.

患有糖尿病的十几岁孩子……Tran, Vincent, Deborah J. Wiebe, Katherine T. Fortenberry, Jorie M. Butler, and Cynthia A. Berg. "Benefit Finding, Affective Reactions to Diabetes Stress, and Diabetes Management Among Early Adolescents." *Health Psychology* 30, no. 2 (2011): 212–19.

保护效果最强……Wood, Michael D., Thomas W. Britt, Jeffrey L. Thomas, Robert P. Klocko, and Paul D. Bliese. "Buffering Effects of Benefit Finding in a War Environment." *Military Psychology* 23, no. 2 (2011): 202–19.

发现益处的人……Cassidy, Tony, Marian McLaughlin, and Melanie Giles. "Benefit Finding in Response to General Life Stress: Measurement and Correlates." *Health Psychology and Behavioral Medicine* 2, no. 1 (2014): 268–82.

他们更愿意……Pakenham, Kenneth I., Kate Sofronoff, and Christina Samios. "Finding Meaning in Parenting a Child with Asperger Syndrome: Correlates of Sense Making and Benefit Finding." *Research in Developmental Disabilities* 25, no. 3 (2004): 245–64.

在实验室里……人……Bower, Julienne E., Carissa A. Low, Judith Tedlie Moskowitz, Saviz Sepah, and Elissa Epel. "Benefit Finding and Physical Health: Positive Psychological Changes and Enhanced Allostasis." *Social and Personality Psychology Compass* 2, no. 1 (2008): 223–44. Bower, Julienne E., Judith Tedlie Moskowitz, and Elissa Epel. "Is Benefit Finding Good for Your Health? Pathways Linking Positive Life Changes After Stress and Physical Health Outcomes." *Current Directions in Psychological Science* 18, no. 6 (2009): 337–41.

比如……报告了……Butler, Lisa D. "Growing Pains: Commentary on the Field Of Posttraumatic Growth and Hobfoll and Colleagues' Recent Contributions to It." *Applied Psychology* 56, no. 3 (2007): 367–78.

重疾的幸存者……Cheng, Cecilia, Waiman Wong, and Kenneth W. Tsang. "Perception of Benefits and Costs During SARS Outbreak: An 18-Month Prospective Study." *Journal of Consulting and Clinical Psychology* 74, no. 5 (2006): 870–79.

他们也不再……McCullough, Michael E., Lindsey M. Root, and Adam D. Cohen. "Writing About the Benefits of an Interpersonal Transgression Facilitates Forgiveness." *Journal of Consulting and Clinical Psychology* 74, no. 5 (2006): 887–97.

令人惊叹的是，另一项研究发现……vanOyen Witvliet, Charlotte, Ross W. Knoll, Nova G. Hinman, and Paul A. DeYoung. "Compassion-Focused Reappraisal, Benefit-Focused Reappraisal, and Rumination After an Interpersonal Offense: Emotion- Regulation Implications for Subjective Emotion, Linguistic Responses, and Physiology." *Journal of Positive Psychology* 5, no. 3 (2010): 226–42.

发现好处使……Rabe, Sirko, Tanja Zöllner, Andreas Maercker, and Anke Karl. "Neural Correlates of Posttraumatic Growth After Severe Motor Vehicle Accidents." *Journal of Consulting and Clinical Psychology* 74, no. 5 (2006): 880–86.

那些最焦虑的……Danoff-Burg, Sharon, John D. Agee, Norman R. Romanoff, Joel M. Kremer, and James M. Strosberg. "Benefit Finding and Expressive Writing in Adults with Lupus or Rheumatoid Arthritis." *Psychology and Health* 21, no. 5 (2006): 651–65.

最能说明问题的是……妇女……Stanton, Annette L., Sharon Danoff-Burg, Lisa A. Sworowski, Charlotte A. Collins, Ann D. Branstetter, Alicia Rodriguez-Hanley, Sarah B. Kirk, and Jennifer L. Austenfeld. "Randomized, Controlled Trial of Written Emotional Expression and Benefit Finding in Breast Cancer Patients." *Journal of Clinical Oncology* 20, no. 20 (2002): 4160–68.

另一项干预措施邀请那些……Cheng, Sheung-Tak, Rosanna W.L. Lau, Emily P.M. Mak, Natalie S.S. Ng, and Linda C.W. Lam. "Benefit-Finding Intervention for Alzheimer Caregivers: Conceptual Framework, Implementation Issues, and Preliminary Efficacy." *Gerontologist* 54, no. 6 (2014): 1049–58.

威尔博格是这样开头的……Wiltenburg, Mary. "She Doesn't Want to Share Her Grief with a Nation." *Christian Science Monitor*. September 3, 2002. Wiltenburg, Mary. "9/11 Hijacking Victim's Family Expanded, Even Without Him."

*Christian Science Monitor.* September 9, 2011. Personal interview conducted with Mary Wiltenburg on September 16, 2014.

一项令人吃惊的研究发现……Holman, E. Alison, Dana Rose Garfin, and Roxane Cohen Silver. "Media's Role in Broadcasting Acute Stress Following the Boston Marathon Bombings." *Proceedings of the National Academy of Sciences* 111, no. 1 (2014): 93–98. Pfefferbaum, Betty, Elana Newman, Summer D. Nelson, Pascal Nitiéma, Rose L. Pfefferbaum, and Ambreen Rahman. "Disaster Media Coverage and Psychological Outcomes: Descriptive Findings in the Extant Research." *Current Psychiatry Reports* 16, no. 9 (2014): 1–7.

2014年一项针对美国成年人……The GfK Group Project Report for the National Survey of Fears" (2014). Available at http://www.chapman.edu/wilkinson/research-centers/babbiecenter/ survey-american-fears.aspx.

这类发现驱动了"用画面与声音传递希望"……More information about IVOH can be found at http://ivoh.org/. Personal interview conducted with Mallory Jean Tenore on February 12, 2014.

替代成长……Arnold, Debora, Lawrence G. Calhoun, Richard Tedeschi, and Arnie Cann. "Vicarious Posttraumatic Growth in Psychotherapy." *Journal of Humanistic Psychology* 45, no. 2 (2005): 239–63. Barrington, Allysa, and Jane E. Shakespeare-Finch. "Giving Voice to Service Providers Who Work with Survivors of Torture and Trauma." *Qualitative Health Research* 24, no. 12 (2014). 1686–99. Hernández, Pilar, David Gangsei, and David Engstrom. "Vicarious Resilience: A New Concept in Work With Those Who Survive Trauma." *Family Process* 46, no. 2 (2007): 229–41. Acevedo, Victoria Eugenia, and Pilar Hernandez-Wolfe. "Vicarious Resilience: An Exploration of Teachers and Children's Resilience in Highly Challenging Social Contexts." *Journal of Aggression, Maltreatment, and Trauma* 23, no. 5 (2014): 473–93. Inocencio Soares, Nataly Tsumura, and Mauren Teresa Grubisich Mendes Tacla. "Experience of Nursing Staff Facing the Hospitalization of Burned Children." *Investigación y Educación en Enfermería* 32, no. 1 (2014): 49–59.

参与者不仅仅报告了……Abel, Lisa, Casie Walker, Christina Samios, and Larissa Morozow. "Vicarious Posttraumatic Growth: Predictors of Growth and Relationships with Adjustment." *Traumatology* 20, no. 1 (2014): 9–18.

学习和成长的过程……Tosone, Carol, Jennifer Bauwens, and Marc Glassman. "The Shared Traumatic and Professional Posttraumatic Growth Inventory." *Research on Social Work Practice* (ahead of print, 2014). doi: 10.1177/1049731514549814.

我们往往……Therapist's quote taken from Engstrom, David, Pilar Hernandez, and David Gangsei. "Vicarious Resilience: A Qualitative Investigation into Its Description." *Traumatology* 14, no. 3 (2008): 13–21.

参与该项目6个月后……Shochet, Ian M., Jane Shakespeare- Finch, Cameron Craig, Colette Roos, Astrid Wurfl, Rebecca Hoge, Ross McD Young, and Paula Brough. "The Development and Implementation of the Promoting Resilient Officers (PRO) Program." *Traumatology* 17, no. 4 (2011): 43–51. Shakespeare- Finch, Jane E., Ian M. Shochet, Colette R. Roos, Cameron Craig, Deanne Armstrong, Ross McD Young, and Astrid Wurfl. "Promoting Posttraumatic Growth in Police Recruits: Preliminary Results of a Randomised Controlled Resilience Intervention Trial." In *Australian and New Zealand Disaster and Emergency Management Conference*, Association for Sustainability in Business, QT Gold Coast Hotel, Surfers Paradise (2014).

这些……结果……Hayes, Steven C., Jason B. Luoma, Frank W. Bond, Akihiko Masuda, and Jason Lillis. "Acceptance and Commitment Therapy: Model, Processes and Outcomes." *Behaviour Research and Therapy* 44, no. 1 (2006): 1–25. See also Bond, Frank W., Steven C. Hayes, Ruth A. Baer, Kenneth M. Carpenter, Nigel Guenole, Holly K. Orcutt, Tom Waltz, and Robert D. Zettle. "Preliminary Psychometric Properties of the Acceptance and Action Questionnaire—II: A Revised Measure of Psychological Inflexibility and Experiential Avoidance." *Behavior Therapy* 42, no. 4 (2011): 676–90.

《自控力》

**斯坦福大学最受欢迎心理学课程**

**提高自控力的最有效途径，在于弄清自己如何失控、为何失控**

如果你想让生活变得更美好，就从自控力入手吧。

自控力强的人能够更好地控制自己的注意力、情绪和行为，更好地应对压力、解决冲突、战胜逆境，身体更健康，人际关系更和谐，恋情更长久，收入更高，事业也更成功。

如果你总拖到最后一分钟才开始工作；总是当月光族，信用卡透支；想放松一下，却熬夜上网；一直想减肥，总是挫败；那么《自控力》就是专门为你而写的。

《自控力》对拖延症、月光族、熬夜族、减肥控、淘宝控、手机和网络依赖症、微博控、购物狂、工作狂、注意力涣散、抽烟、酗酒等，有明显效果。

**只需10周，成功掌握自己的时间和生活。**

THE UPSIDE OF STRESS

## 对《自控力》的赞誉

你是不是已经厌倦了这样的讨论，关于人可以自控，或注定就只能懒洋洋躺在沙发上看电视吃甜甜圈？如果你在寻找行动方案，而不是理论，《自控力》一书是开给懒散者的一剂良方。

——《今日美国》

本书是该领域有趣且具备可读性的研究成果，将有关自控力的智慧带出了实验室。

——《时代周刊》

读来轻松愉快，充满采用相应方法而成功的故事，《自控力》是一本新型的自助类图书。应用科学研究解释为什么，运用策略帮助读者做到，麦格尼格尔写下了这本想减肥和想搞明白为什么就不能完成待办事务清单的人都喜欢读的书。对于任何想有所改变的人，无论改变是大是小，这都是一本必读书。

——《美国书页杂志》

《自控力》结合了马尔科姆·格拉德威尔的智慧，以及帮助人们摆脱懒惰的实际良方。如果你想减肥，为竞技体育做训练准备，工作方面更成功，戒除毒瘾……总之，如果你是人，就需要读这本书。

——《图书馆那些事儿》

这本书对于那些想要高效达成目标的人非常有价值。麦格尼格尔把宏大的科学研究及应用简化，以便普通读者能清晰理解。她指出自控力对于自我掌控十分关键。

——詹妮弗·施瓦兹

医学博士，畅销书《脑锁：如何摆脱强迫症》作者

真是本让人长舒一口气的好书！凯利·麦格尼格尔解释了自控力研究的科学现状，探索了大多数人一直以来的迷思。那些激励人心的事实表明，每个人都可以拥有更强的意志力。

——杰夫·科尔文

《哪来的天才》作者

《自控力2：瑜伽实操篇》

**真正提升“自控力”实践应用版！**

**百万畅销书《自控力》作者、**
**斯坦福大学心理学教授、**
**瑜伽导师凯利·麦格尼格尔博士全新力作！**

当我承受压力、痛苦、无法自控的时候，我的解压方式是锻炼、瑜伽和冥想——凯利•麦格尼格尔本书全部内容收录入“斯坦福大学公开课•健康图书馆”，在新浪公开课等广受热捧。

这是一本关于如何用瑜伽提升自我控制，让自己得到康复的通俗读物。

凯利·麦格尼格尔教授（Kelly McGonigal, Ph.D.）是斯坦福大学备受赞誉的心理学家，也是医学健康促进项目的健康教育家。她为专业人士和普通大众开设的心理学课程，包括“自控力科学”（The Science of Willpower）和“在压力下好好生活”（Living Well with Stress），都是斯坦福大学继续教育学院历史上最受欢迎的课程。她还为《今日心理学》（*Psychology Today*）杂志网站开设了“自控力科学”博客。她目前居住在加利福尼亚州的帕洛阿尔托市。

麦格尼格尔教授之前身体很差，经常疼痛，她通过瑜伽治好了自己的慢性身体疼痛，恢复了健康并提升了自控力。

**《自控力2：瑜伽实操篇》**

是一本启迪性、实用性俱佳的生活健康书，
专门为办公室人群量身定做。

图书在版编目（CIP）数据

自控力：和压力做朋友：斯坦福大学最实用的心理学课程/（美）麦格尼格尔著；王鹏程译. —北京：北京联合出版公司，2016.3

ISBN 978-7-5502-6783-1

Ⅰ. ①自… Ⅱ. ①麦… ②王… Ⅲ. ①自我控制—通俗读物 Ⅳ. ①B842.6-49

中国版本图书馆CIP数据核字（2015）第308947号

北京市版权局著作权合同登记号 图字：01-2015-7054号



**自控力：和压力做朋友：斯坦福大学最实用的心理学课程**

作　　者：〔美〕凯利·麦格尼格尔
译　　者：王鹏程
出 品 人：唐学雷
责任编辑：丰雪飞

---

北京联合出版公司出版
（北京市西城区德外大街83号楼9层　100088）
北京鹏润伟业印刷有限公司印刷　　新华书店经销
字数：202千字　700毫米×990毫米　1/16　印张：17
2016年3月第1版　2016年3月第1次印刷
ISBN 978-7-5502-6783-1
定价：39.80元

---